시대를 담는 교회의 입구

MERCY

저자 **김철승**

추천사

복음서에 나타난 예수님에 대한 표현에서 '긍휼히 여기셨다'라는 단어가 반복된다. 예수님의 모든 사역의 문을 여는 것이 세상과 죄인을 긍휼히 여기심이었다. 예수님의 몸 된 교회도 세상을 향해 나아갈 때 가장 중요한 태도가 긍휼이다. 이 긍휼은 하나님의 무한하신 사랑과 더불어 안타까워하시는 자비의 마음과 일맥상통하는 내용이다.

시은소교회의 50년의 역사를 되돌아보며 MERCY라는 키워드로 목회 철학을 정리한 이 책은 지역교회가 가진 선교적 소명을 어떻게 구현해 낼 것인가에 대한 중요한 탐구의 결실이다. 김철승 목사님의 멈출 수 없는 열정의 사역으로 계속되고 있는 MERCY 사역이 미래 50년에도 이어져갈 것을 믿으며 이 귀한 책이 한국교회에 귀한 자양분이 되기를 기도한다.

이재훈 목사 | 온누리 교회

한국교회의 선대가 지닌 강점을 계승하며, 새로운 시대의 비전을 제시하는 수선대후(守先待後)의 정신이 깃든 뜻깊은 저서가 출간되었습니다. 시은소교회 창립 50주년을 기념하여 발행된 김철승 목사님의 「Mercy 시대를 담는 교회의 입구」입니다. 김철승 목사님은 사랑의교회에서 다년간 목양 사역을 맡아 영혼을 섬기며, 전심과 진심으로 사명을 감당해 온 따뜻한 마음을 지닌 목회자입니다.

김 목사님은 복음의 본질을 붙들면서도 변화하는 시대적 요구에 유연하게 응답하는 소통의 리더십을 보여주었습니다. 40대 초반, 역사가 깊은 시은소교회에 부임한 후, 지난 8여 년간 교회를 더욱 젊고 생명력 넘치는 공동체로 세우기 위해 헌신하는 과정에서 얻은 깊은 통찰과 내면의 역량을 이 책에 담아냈습니다.

이 책은 시은소교회가 걸어온 은혜의 50년 여정을 단순한 기록으로 남기는 데 그치지 않고, 다가올 50년을 향한 새로운 비전을 제시하고 있습니다. 시은소교회 성도들은 책장을 넘기며 지금까지 인도하신 에벤에셀의 하나님께 감사하고, 앞서 예비하시는 여호와 이레의 하나님을 기대하는 기쁨을 누릴 것입니다. 특히 이 책은 신앙 선배들의 강점을 창조적으로 이어가고자 하는 김철승 목사님의 목회 현장의 생생한 사례와 교회를 향한 사랑이 페이지마다 스며있어, 40~50대 담임 목회자들에게 창의적인 시각과 실질적인 목회 지침을 제공하는 소중한 자료가 될 것입니다. 이 땅에 주님의 몸 된 교회의 영광을 회복하기를 간절히 사모하는 모든 성도와 사역자들에게 이 책이 교회 사랑의 길잡이가 되는 지침서요, 참고서로 널리 읽히기를 바라며, 기쁨으로 일독을 추천합니다.

오정현 목사 | 사랑의 교회

시은소교회의 초청을 받고 처음 참석한 예배에서 큰 감동을 하였습니다. 뜨거운 예배, 세련된 스타일, 꿈틀거리는 역동성, 그리고, 가장 중요한 하나님의 임재를 경험했습니다. 설교 후, 돌아와 담임목사이신 김철승 목사님이 궁금해졌습니다. 그 뒤부터 이어진 영적인 교제 속에서 그 첫날 경험의 이유를 알 수 있었습니다. 겸손한 모습 속에 번뜩이는 지혜와 사람을 존귀하게 여기는 성품에서 시은소교회를 향한 바램과 기대가 더 커졌습니다. 그 후 시은소교회는 더욱 건강한 교회가 되었고, 그 이야기들을 오롯이 이 책에 담았습니다. 특히 제가 섬기고 있는 월드 사역연구소에서 진행하는 W.O.R.L.D. 사역과 MERCY 사역은 그 결을 같이합니다. 함께 같은 방향을 향해 나가는 교회입니다. 제가 간과하고 놓친 부분들을 이 책에서 더불어 많이 배우게 되었습니다. 시은소교회의 시간 속에 힘든 날들도 있었지만, 탁월한 리더를 만나 회복을 넘어 부흥으로 나가는 이야기를 읽을 때 가슴이 뛰고, 건강한 교회를 더욱 건강하게 만드는 MERCY 사역은 앞으로 더 기대하게 만듭니다. 귀한 책이 세상에 나왔습니다. 개척했거나, 곧 개척을 준비하는 목회자들에게 무엇보다 유익한 책이 될 것이며, 기존의 교회에 부임하여 교회를 새롭게 세우기를 원하는 목회자들에게 좋은 참고서가 될 것입니다. 모든 분에게 기쁜 마음으로 추천합니다.

최병락 목사 | 강남중앙침례교회

김철승 목사님의 신간 《MERCY 시대를 담는 교회의 입구》는 단순한 교회의 성장 이야기가 아닙니다. 이 책은 한 교회가 하나님께서 맡기신 사명을 따라 어떻게 급변하는 시대와 소통하며 예수님의 사랑을 실천하는 공동체로 거듭날 수 있는지를 보여주는 감동적인 기록입니다.

저자는 지성과 감성과 영성을 겸비한 목회자입니다. 저자는 영적 리더이며, 탁월한 설교자이며, 미국에서 공부하며 어려운 이민 목회를 경험한 사역자입니다. 저자와 함께 시은소교회가 걸어온 발자취를 따라가다 보면, 하나님께서 보여주신 'MERCY'라는 비전이 얼마나 깊고 실천적인지 깨닫게 됩니다. 이 책은 단순한 이론서가 아니라, 헌신된 목회자들과 성도들이 몸소 실천해 온 신앙과 사역 철학이 녹아 있는 생생한 간증입니다. 또한, 교회가 세상을 어떻게 품어야 하는지를 보여주는 신앙의 나침반과도 같습니다.

이 책을 읽으면서 특별히 인상적이었던 것은 '자비(MERCY)'의 다섯 가지 가치—의미 있는 예배(Meaningful Worship), 가족 같은 소그룹(Engaging Oikos), 회복시키는 나눔(Restore by Sharing), 희생적인 선교(Committed to the Missions), 그리고 충성된 제자(Yes! Jesus)—를 통해 교회가 세상을 향한 빛과 소금의 역할을 감당하는 방식입니다. 예배가 단순한 형식이 아니라 삶의 방식이 되고, 나눔이 단순한 기부가 아니라 영혼을 살리는 도구가 되며, 선교가 먼 나라의 사명이 아니라 내 곁에 있는 이웃을 섬기는 일이라는 통찰은 모든 목회자와 성도들에게 깊은 도전을 줍니다. 저자는 이 책에서 자신의 신앙 여정을 솔직하게 나누며, 목회가 단순한 행정이나 조직 운영이 아니라 '사랑의 실천'임을 강조합니다. 그의 목양 철학은 철저히 성경 중심적이며, 한 영혼을 끝까지 책임지는 목자의 심정에 기초하고 있습니다. 그는 이 책을 통해 제자훈련과 공동체의 헌신을 통해 교회가 성장하고 변화하는 과정을 보여주며, 한국교회와 이민 교회가 나아가야 할 방향을 분명히 제시하고 있습니다. 이 책은 단순히 시은소교회의 역사와 사역을 기록한 것이 아닙니다. 오히려 이 시대 모든 교회와 목회자들에게 던지는 하나님의 메시지입니다. 한국교회와 이민 교회가 다시 한번 복음의 본질로 돌아가야 한다는 강력한 도전입니다. 시은소교회는 하나님의 은혜가 머무는 교회입니다. 은혜의 보좌 앞에 날마다 나아가 하나님께 기도하는 공동체입니다. 이 책을 통해 많은 목회자와 성도들이 새로운 영적 도전 받기를 소원합니다. 교회가 급변하는 이 세상 속에서 어떻게 살아 있는 그리스도의 몸이 될 수 있는지를 고민하는 계기가 되기를 바랍니다. 시은소교회와 함께하신 하나님의 은혜가 이 책을 통해 더욱 널리 퍼지길 소원합니다. 한국교회와 이민 교회가 시은소교회처럼 자비(MERCY)를 실천하는 공동체로 세워지기를 소망합니다.

강준민 목사 | L.A. 새생명비전교회

믿음은 단순한 지식이 아니라 삶으로 드러나는 사랑입니다. 하나님께 받은 자비(MERCY)가 우리를 통해 세상으로 흘러갈 때, 교회는 진정한 그리스도의 공동체가 됩니다. 시은소교회의 교회론은 말씀을 배우고 나 혼자만 간직하는 신앙을 넘어, 손과 발로 실천하는 사랑을 강조합니다. 이 책은 예배, 공동체, 나눔, 선교, 제자도 등 하나님의 사랑을 구체적으로 실천하기 위한 시은소교회의 다양한 도전을 담고 있습니다. 이 책은 특별히 사랑의 실천이 우리의 일상 속에서 자연스럽게 흘러가야 하는 신앙의 본질임을 다시금 일깨웁니다. 예수님께서 그러하셨듯이, 우리 또한 서로를 존중하며 함께 걸어가고, 기쁨과 아픔을 나누며, 사랑을 실천해야 합니다. 이 책을 통해 교회가 어떻게 자비를 실천할 수 있는지, 그리고 그 자비가 어떻게 세상을 변화시키는지 깊이 고민하는 시간이 되기를 바랍니다. 예배가 삶이 되고, 공동체가 울타리가 되며, 선교가 가장 가까운 이웃을 향한 사랑이 되는 길 그 길 위에서 우리가 받은 자비가 멈추지 않고 흘러가길 소망합니다.

김병삼 목사 | 만나교회

김철승 목사님의 신간, 『MERCY 시대를 담는 교회의 입구』를 기대하는 마음으로 읽었습니다. 그리고 고개를 끄덕이며 "역시"라는 감탄을 쏟아냈습니다. 김 목사님의 글에는 교회를 향한 사랑과 진지한 고민이 담겨있습니다. 어떻게 교회와 성도가 은혜라는 본질을 추구하면서 영혼을 구원하고, 끊임없이 세상을 향해 다가가 그들을 복음으로 섬길 수 있는지 잘 보여줍니다. 김철승 목사님의 뜨거운 열정과 넓은 시각이 만들어내는 따뜻한 조언과 여러 실제적 예들은 성도와 목회자 모두에게 큰 도움이 될 것입니다. 기대하는 마음으로 이 책을 펼치십시오. 한국교회와 성도가 격변하는 시대 속에서 지금 구체적으로 무엇을 해야 할지 알게 될 것입니다.

권호 목사 | 합동신학대학원 교수

목차

프롤로그

1975년 6월 9일, 세상의 주목을 받지는 못했지만, 하나님께서 계획하신 시은소교회의 첫걸음은 마치 봄을 맞아 새로운 생명을 기대하는 마음으로 씨앗을 뿌리는 농부의 간절함과 내일의 소망이 깃들여 있었습니다. 매 순간 교회는 신실한 땅에 심어져 온전한 열매를 맺어가는 과정에 영혼을 세우며, 사람을 살리는 공동체로 자라났습니다. 사람을 살리고, 숫자보다 영혼을 세우며, 지난 50년간 걸어온 시은소교회의 그 길 위에는 하나님의 섭리와 성도들의 눈물 어린 순종이 녹아 있습니다. 결코 평탄하지 않은 순종의 여정 속에서 "하나님께 가까이함이 내게 복이라"(시73:28)라고, 삶에서 늘 읊조리며 고백한 말씀이 능력을 경험하게 하였습니다.

상업의 중심지 남문 안에서 최초의 장로교 교회로 세워진 시은소교회가 수원 화성의 기독교 문화와 복음의 역사를 이끄는 영적인 도구가 되기까지, 성도들은 끊임없이 기도하며 인내의 시간을 보내왔습니다. 주차장이 부족해 답답했던 시절도, 왜 하필 외진 이의동(지금의 광교)에 교회를 세워야 하는지 의문이 들어 불안했던 순간도 있었습니다. 그럼에도 불구하고 모일 때마다 기도로 하나 된 공동체의 헌신과 열정은 언제나 "광교 땅에서 또 다른 부흥을 일으키리라"라는 꿈을 놓지 않았습니다.

결정적인 순간마다, 마치 겟세마네 동산에서 예수님이 '내 뜻 아닌 아버지의 뜻'을 구하셨듯이, 시은소교회 성도들은 무릎 꿇고 하나님의 인도하심을 구했습니다. 그 손과 발의 흔적, 비바람에도 끄떡없이 지켜진 신앙은 시간과 공간을 넘어 이 책에 고스란히 담겼습니다. 모든 것이 은혜와 감사입니다.

이 책은 단순히 교회 역사를 나열하는 글이 아닙니다. 수많은 도전과 회복, 눈물과 기쁨이 함께 만들어 낸 시은소교회의 살아 있는 신앙 고백입니다. 메마른 땅을 촉촉이 적셔 주신 하나님의 은혜, 작은 섬 김조차 거룩하게 여기셨던 그분의 신실하심이 이제 미래의 시은소를 이끄는 동력이 됨을 기억하며 같은 꿈을 꾸고자 하는 간절함의 메시지입니다.

시은소교회의 이름처럼! '시은(施恩)' 하나님의 은혜가 오늘도 당신의 삶에 스며들어 선한 열매로 자라나길 소망합니다. 영혼의 목마름을 느끼는 이 시대, 이 책이 다시금 살아있는 복음을 만나고, 그 복음을 전하는 기쁨으로 충만해지는 데 작은 안내자가 되길 바랍니다.

복음의 역사는 절대 멈추지 않습니다. 그리고 그 길 위에, 시은소교회의 성도님들이 늘 함께할 것입니다.

시은소교회 담임 목사 김철승

1부

시은소교회란?

시은소교회의 역사

시은소교회의 역사는 하나님의 섭리와 인간의 순종이 함께 빚어 낸 기적의 여정입니다. 1975년 6월 9일, 원로 목사님께서는 하나님의 부르심에 응답하여 복음의 씨앗을 심었습니다. 초창기 남문교회는 단순한 건물 이상의 의미를 지닌 교회입니다. 작은 사택에서 시작한 교회가 성장하는 과정은 인간의 힘으로는 이루어낼 수 없는 기적과 같은 일들이었습니다. 남문교회의 시작은 하나님께서 한반도의 중심 수원 지역에 새로운 영적 부흥을 계획하신 중요한 사역의 출발점이었다고 생각합니다.

당시 남문 지역은 천안, 이천, 평택 등지에서 사람들이 모여드는 상업적 중심지였고, 수원 화성의 역사와 문화를 고스란히 담고 있는 장소였습니다. 원로 목사님께서는 사대문 안으로 교회를 확장할 비전을 품으셨습니다. 그러던 중 사대문 안에 빈 창고 대지는 우리를 향한 하나님의 응답이었습니다. 그러나 그 땅을 매입하려는 시도는 번번이 좌절되었습니다. 그 땅의 주인은 땅을 팔 생각이 없었고, 상황은 불가능해 보였습니다. 그러나 초창기 남문교회 성도들은 믿음을 잃지 않았습니다. 원로 목사님은 더욱 간절히 기도하며 하나님께서 일하실 것을 확신했으며, 성도들에게도 믿음을 굳건히 하고 기도할 것을 요청했습니다. "하나님께서 계획하신 일이라면, 반드시 이루실 것입니다. 우리가 할 일은 그분을 신뢰하고 인내하는 것입니다."

결국, 하나님께서는 성도들의 간절한 기도를 응답하셨습니다. 여러 차례의 어려움과 장애물에도 불구하고 마침내 그 땅은 기적적으로 교회의 터가 되었습니다. 하나님께서는 그 땅을 통해 이루실 계획을 보여주셨고, 교회는 그곳에 200평 규모의 성전을 세웠습니다. 성도들은 자신들의 눈앞에서 이루어진 그 기적을 통해 하나님의 섭리를 다시 한번 깊이 체험하는 기회가 되었고 더욱 강력한 믿음을 가지게 되었습니다.

남문교회의 성장

1970년대 후반, 한국 사회는 급속한 산업화와 도시화의 물결에 휩싸여 있었습니다. 수원 남문 지역도 예외는 아니었습니다. 사람들은 물질적 풍요를 누리기 위해 바쁘게 움직였습니다. 하지만 그 속에서 영적인 갈증은 더욱 커져만 갔습니다. 남문 지역의 상점과 시장은 전통과 변화가 공존하는 공간이었으며, 사람들은 급변하는 사회 속에서 생존을 위해 분주히 살아가고 있었습니다. 그런 가운데 교회는 단순히 예배만 드리는 공간을 넘어, 그들의 영혼을 돌보는 쉼터로 자리 잡았습니다. 교회는 지역 상인들과 주민들에게 적극적으로 다가가 하나님의 사랑을 전하며, 그들에게 위로와 안식을 제공했습니다.

당시 많은 이들은 상업적 번영의 한가운데서도 마음속 깊은 공허함을 가지고 살아가고 있었기에, 교회는 그들에게 필요한 영적 충족을 주는 곳으로 자리매김했습니다. 남문교회는 이 지역에서 복음의 등불을 밝히며, 사람들에게 하나님의 말씀과 은혜를 나누기 시작했습니다. 특히, 그곳에 개척한 남문교회는 수원의 사대문 안에 첫 번째 합동 측 교회로서 매일 많은 사람이 교회를 찾아와 그들의 마음속에 쌓인 피로와 고통을 내려놓고 하나님 앞에 나아가는 영혼의 쉼터 역할을 하였습니다.

교회는 지역 주민들로부터 점점 더 많은 사랑을 받으며, 단순한 예배의 공간을 넘어 지역 사회와 소통하고 교류하는 지역 중심지로 자리 잡아갔습니다. 성도들은 하나님의 은혜를 체험하며 삶의 변화를 경험했고, 교회는 서로를 돌보고 격려하는 사랑의 공동체로 성장했습니다. 하나님께서 부어주시는 은혜는 많은 사람의 마음을 움직였고, 그곳에서 그들은 진정한 평안을 찾았습니다.

그 후로도 교회의 성장은 멈추지 않았습니다. 성도들의 숫자는 계속해서 증가했고, 원로 목사님과 성도들의 헌신과 기도 속에서 교회의 재정도 놀랍게 성장했습니다. 교회에 출석하는 많은 성도가 축복받으며 그들의 삶은 풍성해졌습니다. 예루살렘 초대교회처럼 성도들은 날마다 늘어났고, 교회의 사역은 더욱 확장되었습니다. 그러나 성장은 곧 새로운 도전으로 이어졌습니다. 예배 공간은 성도들을 모두 수용할 수 없을 정도로 좁아졌고, 더 넓은 공간이 절실히 필요하게 되었습니다. 더 넓은 공간의 필요를 절감하게 된 성도들은 하나님께서 주실 새로운 비전과 공간을 위해 기도하기 시작했습니다. 성도들은 하나님의 계획이 어디에 있든 그분께서 교회를 인도하실 것을 믿고 간절히 기도했습니다.

때마침 수원 사대문 지역의 본격적인 재개발이 시작되었습니다. 이때는 특히 구도심의 재건축, 도로 확장, 상업 지역의 재정비가 주요 과제로 추진되었습니다. 재정비 지역에 교회가 포함되었던 것입니다. 또한, 교회 부흥으로 인해 성도들의 주차 공간이 부족하게 되었습니다. 주차 공간은 단순히 편의를 위한 것이 아니라, 더 많은 사람이 교회에 올 수 있도록 하기 위한 중요한 요소였습니다. 원로 목사님은 또다시 성도들에게 이렇게 말했습니다. "우리는 하나님께서 우리에게 필요한 것을 아시고, 그분의 때에 응답하실 것을 믿습니다. 우리가 해야 할 일은 그분을 의지하며 인내하는 것입니다."

새로운 비전의 시작

그때, 원로 목사님께서는 교회의 확장을 위한 새로운 비전을 품으셨습니다. 이 비전은 단순히 더 큰 예배당을 짓는 것을 넘어, 더 많은 이들에게 복음을 전하고 그들의 삶 속에서 하나님의 은혜를 체험하게 하려는 꿈을 담고 있었습니다. 교회는 광교로 이전하기 위해 깊고 절절한 기도의 시간을 가졌습니다. 매주 모이는 기도회에서 성도들은 하나님의 인도하심을 구하며 간절히 기도했습니다. 주일 저녁마다 서로 손을 맞잡고 기도하던 모습은 마치 하나 된 몸처럼 움직이는 공동체의 아름다움을 보여주었습니다. 특별히 원로 목사님의 인도로 진행된 전교인 철야 기도회는 우리 모두에게 영적인 힘을 불어넣는 시간이었습니다. 철야 기도회에서 우리는 각자의 마음속에 있는 두려움과 걱정을 하나님께 내려놓고, 하나님의 사랑과 은혜로 새롭게 충전되는 기회를 가질 수 있었습니다.

우리의 기도는 단순한 말의 나열이 아닌, 신뢰와 믿음으로 하나님
의 집을 세워나가는 과정이었습니다. 모든 기도마다 우리는 더 단단
한 벽돌을 하나씩 쌓아 올리는 듯한 느낌을 받았고, 그렇게 하나님의
집은 조금씩 모습을 드러냈습니다. 원로 목사님과 성도들은 매일 같
이 모여 하나님의 뜻을 구하며 간절히 기도했으며, 하나님의 뜻이 이루
어질 때까지 인내하며 기다릴 준비가 되어 있었습니다. 기도는 우리에
게 있어 단순한 의무가 아닌, 진정으로 하나님의 뜻을 구하고 그분과
교제하는 소중한 시간이었습니다. 이 과정에서 우리는 더 깊은 신앙의
뿌리를 내리고 서로 간의 사랑을 더욱 강화할 수 있었습니다.

성도들의 기도와 헌신 속에서 교회는 또 한 번의 기적을 경험했습
니다. 하나님께서는 교회의 필요를 채우셨고 대지를 매입할 수 있는
기회를 주셨습니다. 이 부지는 단지 주차 문제를 해결할 공간이 아니
라, 교회의 성장을 위한 하나님의 섭리로 마련된 축복의 땅이었습니
다. 이 땅은 우리에게 새로운 가능성을 열어주었고, 하나님께서 계획
하신 더 큰 사명을 이루기 위한 발판이 되었습니다. 하나님께서는 우
리의 모든 필요를 아시고, 가장 적절한 때에 가장 필요한 방식으로 응
답해 주셨습니다. 그 응답은 하늘에서 내려온 단비처럼 우리 모두의
메마른 마음을 적셨습니다. 이 기적과도 같은 기도 응답을 통해 우리
는 하나님께서 항상 우리 곁에 계시며, 우리의 기도를 들으신다는 것
을 다시 한번 확신하게 되었습니다. 하나님의 은혜는 시은소교회 모
든 성도의 삶 속에서 끝없이 흘러넘치고 있었습니다.

특별히 원로 목사님의 기도는 교회를 이끄는 강력한 원동력이었습니다. 목사님은 항상 하나님께서 교회를 위해 준비하신 비전을 확신 있게 선포하며, 성도들의 마음속에 희망과 용기를 불어넣었습니다. 그 기도는 단지 위로의 말이 아니라 성도들의 영혼을 일깨우고, 하나님의 뜻을 이루기 위한 강력한 힘이었습니다. 목사님의 기도는 깜깜한 밤하늘에 빛나는 별처럼, 성도들에게 방향을 제시해 주고 그들이 흔들리지 않도록 돕는 등대와 같았습니다. 이를 통해 성도들은 하나님의 음성을 들으며 그분의 인도하심을 따를 수 있었습니다.

또한 목사님의 기도를 통해 성도들은 서로에 대한 신뢰를 깊게 하고, 공동체로서의 일체감을 더욱 확고히 할 수 있었습니다. 원로 목사님은 기도할 때마다 하나님께서 교회에 주신 사명을 다시금 강조하며, 성도들이 서로를 믿고 의지할 수 있도록 격려하였습니다. 이 시기의 기도는 단순한 영적 교제를 넘어서, 성도들이 한마음이 되어 하나님의 비전을 현실로 만들어가는 과정이었습니다. 성도들은 서로의 손을 잡고, 하나님의 꿈을 이루기 위해 한 걸음씩 내디뎠습니다.

매 순간 함께 드린 기도는 교회 공동체의 결속력을 강화했고, 시은 소교회에 주어진 하나님의 비전과 사명을 향한 열망을 새롭게 했습니다. 또한 기도를 통해 교회는 하나님의 계획에 대한 신뢰를 쌓아가며, 각자의 자리에서 하나님께서 주신 역할을 충성스럽게 감당하려는 결심을 다질 수 있었습니다. 이처럼 기도는 단순히 성도들이 바라는 것을 구하는 행위가 아니라, 하나님과 깊은 관계를 맺고 그분의 뜻을 깨달아가는 여정이었습니다. 성도들이 함께했던 기도는 교회를 하나로 묶는 강력한 끈이었고, 그 끈을 통해 교회는 하나님의 비전을 함께 이루어 나갈 수 있었습니다.

이 모든 과정은 오직 하나님의 은혜로 가능했습니다. 성도들은 기도를 통해 하나님의 마음을 알게 되었고, 서로의 삶 속에서 그분의 사랑을 나눌 수 있었습니다. 교회는 단순히 물리적인 장소를 넘어, 하나님의 꿈과 비전을 실현하기 위한 영적 공동체로 거듭났습니다. 모든 기적과 응답은 우리에게 더 큰 책임과 사명을 부여했고, 우리는 그 사명을 이루기 위해 앞으로도 계속해서 하나님의 인도하심을 따르며 기도할 것입니다.

기도의 본질

기도하지 않는 그리스도인은 그리스도인답게 살아갈 수 없습니다. 세상의 인정이 아닌 하나님이 인정해 주시는 것을 추구하는 것, 그것이 진정으로 가치 있는 삶을 사는 길이기 때문입니다. 초대교회는 기도에 헌신한 공동체였습니다. 그들은 중요한 결정을 내릴 때마다 함께 모여 기도하고, 하나님의 인도하심을 구했습니다. 안디옥 교회가 바울과 바나바를 선교사로 파송할 때도, 그들은 금식하며 기도한 후에 성령의 인도하심을 받아 결정을 내렸습니다.

하나님의 품에 안기는 시간

기도는 단순히 어떤 문제 해결을 위해 무릎을 꿇고 간구하는 것에 머물지 않습니다. 그 이상의 깊은 의미가 있습니다. 물론, 우리는 삶의 어려운 문제들을 하나님께 내어 맡기고 도움을 구할 수 있습니다. 그러나 기도는 단지 간구의 행위로 끝나지 않습니다. 기도는 전능하시며 나를 가장 사랑하시는 하나님의 품에 안기는 깊고 친밀한 만남의 시간이기 때문입니다. 마치 어린아이가 부모의 품에 안겨 세상의 모든 두려움을 내려놓듯이, 우리를 향한 하나님의 끝없는 사랑을 체험하는 시간입니다. 단순한 간청을 넘어서, 우리의 영혼을 그분께 맡기고, 그 안에서 참된 안식을 누리는 깊은 행위입니다. 이러한 기도는 우리의 영혼을 하나님과 연결하고, 하나님의 사랑을 깊이 경험하게 합니다.

예수님께서 겟세마네 동산에서 기도하셨던 장면을 떠올려봅시다. 예수님은 십자가의 고난을 앞두고 큰 슬픔과 고통 속에서도 하나님께 기도드렸습니다. "내 아버지여, 만일 할 만하시거든 이 잔을 내게서 지나가게 하옵소서"라고 간구하시면서도, 결국 "내 뜻대로 마시옵고 아버지의 뜻대로 하옵소서"(마태복음 26:39)라고 말씀하셨습니다. 이 기도 속에서 우리는 예수님께서 하나님의 뜻을 받아들이며 그분의 품에 안기고, 참된 평안과 용기를 얻으신 모습을 볼 수 있습니다. 이처럼 기도는 우리의 간구를 넘어서 하나님의 뜻에 자신을 맡기는 시간이며, 그분의 사랑 안에서 안식을 누리는 시간입니다. 예수님의 기도를 통해 어떻게 하나님의 뜻을 받아들일 수 있는지 보여줍니다.

이와 같은 맥락에서, 기도는 하나님과 깊은 교제를 통해 그분의 온기를 느끼며 우리의 연약함을 그분께 의탁하는 시간이기도 합니다. 하나님과 대화하는 그 순간들은 우리 영혼의 갈증을 해소하고, 우리가 잃어버렸던 용기와 힘을 다시금 되찾게 해줍니다. 기도 속에서 우리는 하나님과의 진정한 관계를 형성하고, 그분의 뜻을 받아들이며 내 삶의 의미를 다시금 되새깁니다. 이러한 과정은 우리의 내면을 새롭게 하고, 하나님과의 관계를 더욱 깊게 만들어 줍니다. 메마른 대지에 촉촉한 비가 내리는 것처럼 우리의 마음과 영혼을 새롭게 적셔줍니다. 그것은 단지 개인적인 소망을 표현하는 시간이 아니라, 하나님과 함께하는 관계 그 자체에서 누리는 평화의 여정입니다.

또한 우리가 드리는 기도는 하나님께서 우리를 어떻게 바라보시는지를 깨닫게 하며, 내 삶의 의미를 되새기는 시간입니다. 엘리야 선지자의 예를 통해 이러한 기도의 의미를 좀 더 구체적으로 이해할 수 있습니다. 엘리야 선지자가 갈멜산에서 바알 선지자들과 맞서 싸울 때, 그는 하나님께 기도하며 그분의 도우심을 구했습니다. 하나님께서는 그의 기도에 불로 응답하셨고, 이를 통해 이스라엘 백성들은 하나님만이 참된 신임을 깨닫게 되었습니다. 이러한 순간들은 우리가 하나님의 사랑 안에서 참된 나 자신을 마주하고, 세상의 소음 속에서 잃어버린 나의 진정한 가치를 되찾는 기도의 힘을 보여줍니다. 엘리야의 기도는 우리가 하나님의 도우심을 통해 두려움을 이겨내고 참된 평안을 찾을 수 있음을 시사합니다. 하나님의 무한한 사랑을 경험하면서 나를 향한 그분의 계획과 의도를 깨닫게 될 때, 우리는 참된 평안을 누리게 됩니다. 기도는 하나님 앞에서 고요하게 자기 자신을 마주하는 시간이자, 하나님 안에서 진정한 자기 정체성을 발견하는 시간입니다. 이러한 고요 속에서 우리는 하나님과 깊은 연대를 느끼며, 그분의 뜻을 깨닫게 됩니다.

따라서, 기도의 본질은 하나님 앞에서 진정한 나를 발견하는 것입니다. 우리가 하나님 앞에 나아가 조용히 여쭈어보면, 예상하지 못했던 크고 은밀한 일들이 새롭게 그려지기 시작합니다. 우리가 자신을 스스로 한정 짓고 있었던 문제나 두려움이 그분의 빛 가운데 비추어질 때, 놀라운 해답과 소망이 드러나곤 합니다. 기도는 나 중심의 생각과 삶을 내려놓고 하나님의 품에서 다시 일어서는 힘을 얻는 과정입니다. 이 과정에서 우리는 우리의 모든 약함과 연약함을 진정으로 인정하고, 하나님께 그것을 드리며 그분의 능력으로 채워지는 경험을 합니다. 우리를 하나님의 품 안에서 다시 새롭게 하여 세상 속으로 나아가게 하는 것입니다.

고정관념을 뛰어넘는

고정관념은 우리 사고의 경직된 틀입니다. 우리는 종종 삶의 여러 상황에서 주변의 사물이나 관계에 대해 형성된 고정관념에 사로잡혀 있습니다. 이러한 고정관념은 우리의 사고를 제한하고, 새로운 시각으로 상황을 바라보는 능력을 방해하며, 변화의 가능성을 막습니다. 그러나 하나님 앞에 나아가는 기도는 우리에게 이러한 제한된 틀을 깨뜨리고 새로운 시각을 얻도록 도와줍니다. 하나님은 우리가 가지고 있는 인간적인 기준과 한계를 초월하신 존재입니다. 기도를 통해 우리는 하나님의 무한한 지혜와 그분의 전지전능하심을 경험하며, 이에 따라 우리 사고의 틀이 확장됩니다. 막힌 창문을 열고 맑은 공기를 들이마시듯, 우리의 굳어진 틀을 부수고 하나님의 시각을 통해 세상을 바라보게 하는 영적 훈련입니다. 기도는 우리에게 새로운 눈을 열어줍니다.

사도행전 10장에 나오는 베드로의 경험이 바로 그런 것입니다. 베드로는 유대인의 전통과 율법에 따라 이방인과 교제하는 것을 피하고 있었지만, 기도 중에 하나님은 그에게 이방인 고넬료를 받아들이라는 환상을 보여주셨습니다. 이를 통해 베드로는 자신의 고정관념을 깨고 하나님의 사랑이 모든 민족에게 임하였음을 깨달았습니다. 이 경험은 기도를 통해 사고의 틀이 확장되는 대표적인 사례입니다.

마찬가지로 우리는 현실의 삶 속에서도 고정관념과 경직된 사고방식에 갇히기 쉽습니다. 직장에서나 가정에서 우리는 오랜 습관과 전통에 따라 새로운 아이디어를 받아들이기 어려워할 때가 많습니다. 그러나 기도를 통해 하나님께 우리의 마음을 여는 순간, 우리는 변화를 향한 용기와 새로운 가능성을 찾게 됩니다. 우리의 눈을 덮고 있던 편견의 안경을 벗어내고, 하나님의 진리를 통해 세상을 바라보는 놀라운 변화를 경험하게 하는 과정입니다. 하나님 앞에 나아갈 때, 우리는 나를 제한하는 모든 것을 내려놓고, 오직 그분의 뜻과 시각 안에서 자유롭게 살아가는 법을 배우게 됩니다.

하나님 앞에서 우리는 더 이상 자신을 스스로 정의하지 않고, 그분께서 우리에게 주시는 새로운 시각과 정체성을 받아들입니다. 우리의 오랜 습관과 고착된 믿음을 넘어서는 변화의 열쇠로써 기도의 시간을 통해 하나님과 대면할 때, 그분의 진리와 사랑이 우리의 굳어진 마음을 녹이고, 새로운 가능성으로 우리를 이끌어줍니다. 마치 베드로가 그랬듯, 기도는 신앙의 훈련이며, 하나님 안에서 자유롭게 거하며 우리의 제한된 시야를 확장하는 통로입니다. 우리가 하나님의 빛을 따라 나아갈 때, 우리는 그 안에서 진정한 자유를 경험하고 하나님의 무한한 지혜와 사랑을 깨달으며, 편견과 두려움을 넘어서서 세상을 향해 나아가는 용기를 얻는 것입니다. 기도를 통해 우리는 자신을 둘러싼 경직된 틀을 넘어, 더 넓고 깊은 하나님의 시각으로 세상을 바라보게 됩니다.

진리의 통찰

또한, 우리의 한계를 허물고 하나님의 시각을 가지게 하는 시간입니다. 기도하는 시간은 마치 안개가 걷히듯 하나님의 진리가 드러나는 순간을 우리에게 가져다줍니다. 그 진리 속에서 우리는 하나님의 선물을 발견하게 되고, 그분의 기준과 권위가 얼마나 월등한지를 깨닫습니다. 이러한 깨달음은 단순한 지적 이해를 넘어, 우리의 삶을 바라보는 관점을 근본적으로 변화시킵니다. 하나님의 진리를 통찰하는 것은 우리의 무지와 고정관념에서 벗어날 수 있는 유일한 길이며, 기도는 그 길을 밝히는 등불과 같습니다.

하나님을 아는 사람은 자기 생각이나 고정관념에 매이지 않고, 하나님의 시각으로 모든 환경과 상황을 바르게 해석할 수 있습니다. 그렇기에 기도는 어떤 시련이 찾아오더라도 하나님을 신뢰하는 담대함을 가지게 합니다. 고난의 한가운데서도 기도의 사람은 하나님의 진리를 붙들고 그분의 섭리를 신뢰함으로써 흔들림 없는 믿음을 가지게 됩니다. 이러한 믿음은 기도의 시간을 통해 더욱 단단해지며, 기도는 바로 그 믿음을 키우는 토양이 됩니다.

또한 기도는 우리를 진리 안에서 자유롭게 합니다. 세상의 허상과 속임수에서 벗어나 하나님의 진리를 받아들이는 것은 우리 영혼에 깊은 해방감을 줍니다. 우리는 그분의 진리를 통해 우리의 무지와 두려움을 직면하고 극복하는 힘을 얻게 됩니다. 그리고 우리는 그분의 지혜 속에서 진정한 나를 발견하게 됩니다. 우리의 두려움과 불안, 그리고 한계를 기도로 하나님께 맡길 때, 하나님의 무한한 사랑과 지혜 속에서 새로운 시각을 얻으며 삶의 도전에 맞설 힘을 얻게 됩니다. 이처럼 기도는 우리의 내면을 자유롭게 하며, 우리를 억누르는 모든 두려움과 불안을 하나님께 맡김으로써 참된 평안을 누리게 합니다.

승리를 위한 무기

그러므로 영적 전쟁에서 승리하기 위한 강력한 무기이기도 합니다. 성경은 우리의 싸움이 혈과 육에 대한 것이 아니라, 이 어둠의 세상 주관자들과 영적 악의 세력과의 싸움이라고 말합니다. 이러한 싸움에서 우리는 우리의 능력만으로는 승리할 수 없지만, 기도를 통해 하나님의 능력을 의지할 때 승리할 수 있습니다. 우리가 하나님과 영적으로 연결되어, 그분의 보호하심과 힘을 경험할 수 있는 통로입니다. 그렇기에 영적 전쟁은 보이지 않는 곳에서 이루어지는 치열한 싸움이며, 기도는 우리가 하나님의 전신 갑주를 입도록 돕는 무기입니다.

많은 성도는 영적 전쟁의 한가운데서 기도를 통해 하나님의 도움과 보호를 경험했습니다. 그들이 기도할 때 하나님은 악한 영들의 공격으로부터 그들을 보호하시고, 그들의 마음에 담대함과 평안을 주셨습니다. 이처럼 기도는 영적 전투에 없어서는 안 될 중요한 무기이며, 우리를 위협하는 악한 세력에 맞서 싸울 수 있는 강력한 방패입니다.

방패 역할뿐 아니라, 공격을 위한 무기이기도 합니다. 우리는 기도를 통해 어둠의 세력에 맞서 싸우며, 하나님의 이름으로 그들을 물리칠 힘을 얻습니다. 우리를 영적으로 무장시켜, 영적 어둠을 물리치고 하나님의 빛을 선포할 수 있게 해줍니다. 그렇기에 단지 방어적인 행위에 그치지 않고, 하나님의 능력을 세상에 드러내는 적극적인 도구입니다. 기도할 때 우리는 하나님과의 연대를 통해 그분의 권능을 체험하며, 우리의 신앙을 더욱 굳건히 다져나갑니다. 이렇게 기도를 통해 우리는 단지 보호받는 것에 머무르지 않고, 하나님의 능력을 드러내며 세상을 변화시키는 힘을 얻게 됩니다.

순종의 표현

그뿐만 아니라 하나님의 주권에 대한 신뢰와 순종의 표현입니다. 우리는 종종 우리 자신의 계획과 의도에 따라 삶을 이끌어 가려는 경향이 있습니다. 그러나 기도는 그러한 우리의 욕심과 자만을 내려놓고, 우리의 삶을 하나님의 손에 온전히 맡기는 행위입니다. 기도를 통해 우리는 우리의 생각과 계획을 내려놓고, 하나님의 지혜와 선하신 계획이 우리의 삶 속에서 이루어지기를 구하게 됩니다. 이는 우리의 한계를 인정하고, 하나님의 완전한 지혜와 능력을 신뢰하는 과정입니다. 이러한 신뢰는 우리가 이해하지 못하는 상황 속에서도 하나님의 뜻을 받아들이고 그분께 맡기는 태도를 보이게 합니다.

또한 기도는 우리의 욕망을 내려놓고 하나님의 주권에 자신을 맡기는 일종의 항복입니다. 성도들이 기도할 때, 그들은 하나님의 선하신 계획을 신뢰하며 그분의 인도하심을 따릅니다. 기도를 통해 우리는 하나님께서 우리를 향해서 계신 선한 계획을 신뢰하고, 그분의 인도하심에 순종할 힘을 얻게 됩니다. 이는 단순한 소망의 표현이 아니라, 그분의 선하신 섭리 속에 우리의 삶을 맡기는 순종의 행위입니다. 그래서 기도는 하나님을 신뢰하는 자만이 가질 수 있는 담대함을 선물로 줍니다.

기도를 통해 우리는 하나님의 계획 속에서 어떻게 사용될 수 있는지를 묻고, 그분의 뜻 안에서 살아가려는 의지를 나타냅니다. 기도하는 사람은 자신을 하나님께 내어드리고, 그분의 뜻이 이루어지기를 간구합니다. 이는 하나님께 대한 우리의 믿음과 신뢰를 표현하는 중요한 행위이며, 이를 통해 우리는 하나님의 계획 속에서 순종의 삶을 살아갈 힘과 지혜를 얻게 됩니다. 하나님의 손에 우리의 모든 것을 맡기며, 그분이 우리 삶의 주인이심을 고백하는 신앙의 절정입니다. 기도를 통해 우리는 하나님의 선하신 계획에 동참하게 되며, 그분이 우리에게 원하시는 바를 깨닫고 그 뜻에 순종하게 됩니다. 이렇게 기도는 하나님의 주권에 대한 우리 믿음의 증거이자, 우리의 삶을 새롭게 하는 힘의 원천입니다.

기도를 통한 공동체 연합

시은소교회는 광교 지역으로의 이전 과정에 있어 모든 순간에 기도가 있었습니다. 성도들은 매일 같이 모여 기도하며 하나님의 인도하심을 구했고, 기도하는 가운데 하나님의 뜻을 더 명확히 이해하게 되었습니다. 이는 단순히 소원을 말하는 시간이 아니라, 하나님의 뜻을 깨닫고 그분의 계획에 따라 우리를 변화시키는 과정이었습니다. 이 과정에서 성도들은 더 깊은 신앙의 뿌리를 내리고, 서로의 신뢰와 연대를 강화하며 하나님의 비전을 더욱 확고히 붙잡고, 그 비전을 이루기 위해 자신을 내어놓는 헌신의 원동력이었습니다.

성도들은 서로의 손을 잡고 기도하며, 하나님께서 주신 사명을 감당하기 위해 하나가 되었습니다. 하나님께서 우리와 함께하신다는 확신하고 있었고, 그 확신은 교회가 겪는 모든 어려움을 이겨낼 힘이 되었습니다. 성도들의 기도는 단순히 교회를 위한 것이 아니었으며, 광교 지역 전체를 위한 축복의 기도가 되었습니다. 성도들은 하나님께서 이 지역에 새로운 일을 행하실 것이라는 믿음을 가지고 기도했고, 그 기도는 하나님의 계획 속에서 현실이 되었습니다.

성도들의 기도와 헌신이 있었기에, 교회는 광교에서 새로운 부흥을 맞이할 수 있었습니다. 성도들은 하나님께서 우리에게 주신 사명을 이루기 위한 그 과정에서 하나님께서 이루신 놀라운 일들을 체험하며 하나님의 인도하심 속에서 광교 땅에서 새로운 역사를 써 내려갔습니다. 성도들의 기도는 그 역사의 기초가 되었고 하나님께서 자신들과 함께하신다는 사실을 기도 속에서 체험은 온 교회에 큰 힘이 되었습니다.

기도는 성도 간의 연대를 강화하는 중요한 역할을 했습니다. 성도들은 함께 기도하며 서로의 짐을 나누었고, 그 과정에서 서로에 대한 신뢰와 사랑은 더욱 깊어졌습니다. 성도들은 하나님 앞에서 하나가 되었고, 그 하나 됨은 교회의 강력한 영적 결속력이 되었습니다. 함께 모여 기도할 때, 그곳에는 하나님의 임재가 느껴졌고, 그 임재 속에서 하나님의 은혜를 체험했습니다.

이러한 기도의 경험은 성도들이 서로를 더욱 사랑하고 섬기게 했으며, 교회는 영적으로 더욱 강건해졌습니다. 하나님의 계획은 언제나 완전하며, 시은소교회는 하나님의 계획안에서 앞으로도 계속해서 성장해 나갈 것임을 확신합니다. 하나님께서 우리와 함께하신다는 믿음은 교회의 모든 성도에게 힘이 되었고, 우리는 그 믿음 속에서 하나님의 더 큰 일을 기대하고 있습니다. 기도의 힘과 하나님의 인도하심 속에서, 시은소교회는 앞으로도 계속해서 하나님께서 주신 사명을 감당하며 나아갈 것입니다. 그 여정은 아직 끝나지 않았으며, 하나님께서 계획하신 더 큰 영광을 향해 나아가는 발걸음은 멈추지 않을 것입니다. 매일의 삶 속에서 기도를 기억하며, 그 기도 속에서 하나님의 음성을 듣고, 그분의 뜻을 이루기 위해 헌신할 것입니다. 이러한 기도의 여정은 교회를 더욱더 강하게 만들고, 하나님의 사랑을 세상에 전하는 중요한 도구가 될 것입니다. 여전히 시은소교회는 이러한 기도의 중요성을 깊이 깨닫고, 모든 사역과 결정의 중심에 기도를 두고 있습니다. 성도들은 매주 드리는 기도회에서 새로운 소망을 얻으며 저는 기도할 때마다 하나님께서 교회에 주신 사명을 다시금 강조하며, 성도들이 서로 믿고 의지할 수 있도록 격려하고 있습니다. 이러한 기도회는 단순히 영적 교제를 넘어서, 성도들이 한마음이 되어 하나님의 비전을 현실로 만들어가는 과정이며, 성도들이 함께 하나님의 뜻을 구하는 환경을 조성함으로써, 교회는 영적 결속력을 강화하고 있습니다.

광교 지역과 하나님의 계획

시은소교회가 자리 잡은 광교 지역은 하나님의 은혜를 담은 약속의 땅입니다. 교회가 이곳에 세워졌을 때, 광교는 개발되지 않은 척박한 땅이었습니다. 누구도 주목하지 않았던 황량한 그 땅에, 원로 목사님과 성도들은 하나님의 계획이 있음을 굳게 믿으며 기도했습니다.

"하나님께서 이 땅에서 새 일을 시작하실 것이다"라는 그 믿음은 메마른 벌판에 한 알의 씨앗처럼 심어졌고, 그곳에 하나님의 은혜가 임하기를 간구했습니다. 그 믿음은 성도들 마음속에 깊이 자리 잡았고, 단순한 희망이 아닌 하나님의 살아있는 약속으로 자라나기 시작했습니다.

시간은 하나님의 손길에 따라 흘러가며, 광교는 점차 놀라운 변화를 겪었습니다. 아파트와 공공기관들이 들어서며, 그 척박했던 땅은 이제 하나님께서 부어주신 축복으로 가득 차게 되었습니다. 황무지였던 이곳이 이제는 활기로 가득한 지역 사회의 중심지가 되었습니다. 교회는 이러한 변화를 보며 하나님의 신실하신 계획을 다시금 확인했습니다. 그 변화는 단순한 도시 발전이 아닌, 하나님께서 그분의 계획안에서 일으키신 축복의 증거였습니다. 황량했던 들판은 이제 하나님이 베푸신 은혜로 인해 새로운 생명을 불어넣는 공간으로 채워졌고 겨울이 지나고 봄이 찾아오듯, 그 땅은 하나님의 축복 속에서 새로운 계절을 맞이하게 되었습니다. 봄의 새싹이 땅을 뚫고 나오는 것처럼, 광교의 변화는 성도들에게 새로운 희망을 심어 주었습니다.

시은소교회는 이 변화 속에서 하나님께서 주신 사명을 신실하게 실천하고 있습니다. 교회는 단순히 건물로 존재하는 것이 아니라, 하나님의 은혜를 이 지역에 뿌리내리는 신성한 도구의 역할을 감당하고 있습니다. 교회는 단순한 벽돌과 콘크리트가 아닌, 하나님의 사랑과 은혜로 지어진 공동체로 지역 사회에 유익을 주는 섬김을 실천하고 있습니다. 성도들은 이곳에서 예배하며 하나님의 은혜를 체험하고, 그 은혜를 세상 속으로 흘려보냅니다.

시은소교회는 교회의 벽을 넘어 지역 사회 구석구석으로 하나님의 축복을 전달하고자 합니다. 그러기에 우리는 지역 사회의 필요에 민감하게 반응하며, 다양한 봉사 활동과 나눔을 통해 하나님의 사랑을 실천하고 있습니다. 시은소교회는 과거와 현재, 그리고 다가올 미래 속에서도 하나님의 계획 속에 있는 축복의 이름으로 자리 잡고 있습니다. 그것은 단순히 건물의 성장이 아닌, 하나님 나라의 영적 성장으로 나아가는 여정이기 때문입니다.

그러기에 광교로의 이전은 교회 역사에서 중요한 전환점이었습니다. 당시 교회 내부에서도 광교로 이전하는 것이 과연 옳은 선택인지에 대한 고민이 있었지만, 원로 목사님은 "우리가 가는 곳마다 하나님께서 축복하실 것이다"라는 확신에 찬 비전을 갖고 말씀하셨습니다. 그 말씀은 단순한 격려가 아닌, 하나님의 약속을 품은 선언이었고, 성도들은 그 말씀을 마음에 새기며 그 땅을 새로운 사명의 자리로 바라보았습니다. 그 약속은 성도들에게 새로운 꿈을 심어 주었고, 그 꿈은 그들을 새롭게 태어나게 했습니다.

교회의 이전 과정은 결코 순탄하지 않았습니다. 물리적, 재정적 도전이 있었고, 성도들에게는 영적인 도전이 되었습니다. 하지만 성도들은 하나님의 뜻을 신뢰하며 기도와 헌신으로 나아갔습니다. 자원이 부족한 가운데에서도 성도들은 희생하며 하나님의 비전을 이루기 위해 전진했습니다. 스스로 한계를 넘어서 하나님의 약속에 따라 행동

했습니다. 하나님께서는 우리들의 신실함에 응답하셨고, 우리의 믿음을 통해 놀라운 기적을 이루어 주셨습니다. 자원이 부족할 때마다 하나님께서는 놀라운 방법으로 필요를 채우셨고, 그 과정을 통해 성도들은 하나님의 섭리를 더욱 깊이 경험하게 되었습니다. 그 과정은 하나님의 기적이었고, 믿음의 성장 과정이기도 했습니다.

첫 삽을 뜨던 날, 성도들의 마음에는 두려움과 기쁨이 공존했습니다. 불확실함이 있었지만, 동시에 하나님의 약속에 대한 확신도 있었습니다. 그 과정에서 하나님의 은혜와 인도하심은 매 순간 우리와 함께했습니다. 교회의 건축은 하나님과 함께 걷는 긴 여정의 한 걸음이었고, 그 과정에서 하나님께서 우리와 함께하신다는 확신은 그들을 지탱하는 힘이 되었습니다. 성도들은 벽돌 한 장을 쌓을 때마다 하나님의 약속을 떠올렸고, 그 약속은 그들의 마음에 평안과 용기를 가져다주었습니다. 성도들은 수많은 시련 속에서도 흔들리지 않았습니다. 오히려 함께 모여 예배하고 서로를 위로하며 하나님의 인도하심을 기다렸습니다. 시련 속에서도 더욱 단단해졌고, 하나님께서 주신 은혜에 대한 감사로 성도들의 마음은 더욱 뜨거워졌습니다. 이 과정에서 성도들 사이에는 깊은 유대감과 사랑이 싹트게 되었고, 성도들의 헌신은 시온소교회의 기초가 되었습니다.

그 척박한 땅에서 시작된 작은 믿음의 씨앗이 하나님의 은혜로 무럭무럭 자라나는 것을 직접 보면서, 성도들은 더욱 큰 믿음으로 나아갔습니다. 성도들의 믿음은 한 개인의 믿음에서 공동체의 믿음으로 확장되었고, 그 믿음의 힘은 하나님의 역사를 이루는 동력이 되었습니다. 서로를 향한 사랑과 신뢰는 교회가 어려움을 극복하게 했고, 우리는 하나님께서 세우신 기초 위에서 함께 성장해 나갔습니다.

시은소교회는 앞으로도 광교 지역에서 하나님의 은혜와 사랑을 전하는 일에 최선을 다할 것입니다. 교회의 모든 활동과 예배는 광교 주민들에게 하나님의 사랑을 나누고, 그분의 영광을 나타내기 위함입니다. 성도들은 하나님의 계획을 신뢰하며 광교 지역에서 빛과 소금의 역할을 감당할 것입니다. 성도들은 이 땅에서 하나님이 시작하신 새로운 일에 함께하며, 하나님의 은혜를 계속해서 나눌 것입니다.

하나님께서 주신 이 사명을 따라, 시은소교회는 더욱 깊은 헌신과 사랑으로 이 지역에서 그분의 영광을 나타낼 것이며 그러기에 시은소교회 성도들은 단순한 변화가 아닌, 영적인 부흥을 꿈꾸며, 하나님의 사랑이 이 땅에 가득하도록 계속해서 기도하고 나아갈 것입니다. 하나님께서 이루실 더 큰 일을 기대하며, 오늘도 그분의 뜻에 따라 한 걸음씩 전진할 것입니다.

시은소교회 이름과 그 의미: 하나님의 은혜 자리

시은소교회의 이름은 그 자체로 특별한 의미를 담고 있습니다. 이 이름은 단순한 상징이 아니라, 하나님의 인도하심과 그분의 은혜에 대한 성도들의 깊은 체험에서 비롯된 것입니다. 교회 이전을 위해 부흥회가 진행되던 중, 성도들은 찬송가 247장을 부르며 하나님께서 교회를 향해 부어주신 큰 은혜를 경험하게 되었습니다. 그 순간은 단순한 예배의 한 장면을 넘어, 하나님의 응답을 확신하게 되는 순간이었습니다. 그 응답 속에서 '시은소'라는 교회의 이름이 탄생하게 되었습니다.

다음과 같이 고백합니다.

찬송가 247장: 이 세상 풍파 심하고

1. 이 세상 풍파 심하고 또 환난 질고 많으나
나 편히 쉬게 될 곳은 주 예비하신 시은소

2. 그 향기로운 기름을 주 내게 부어주셔서
내 기쁨 더해주는 곳 주 피로 사신 시은소

3. 주 믿는 형제자매들 그 몸은 떠나 있으나
주 앞에 기도드릴 곳 다 함께 모일 시은소
4. 내 손과 혀가 굳어도 내 몸의 피가 식어도
나 영영 잊지 못할 곳 은혜의 보좌 시은소 아멘

이 찬송은 세상에서 겪는 시련과 고난 속에서도 하나님께서 준비하고 이끌어오신 시은소에서 영원한 평안을 누리게 될 것을 노래하고 있습니다. 이 세상에서의 풍파가 아무리 거세어도, 성도들에게는 하나님의 은혜가 머무는 곳, '시은소'가 있다는 약속을 주고 있습니다. 여기서 '시은(施恩)'이라는 단어는 '은혜를 베푸신다'라는 뜻을 담고 있으며, 성막 안 지성소에 있는 언약궤를 덮고 있는 뚜껑을 말합니다. '덮는다'라는 뜻으로 '속죄하다', '용서하다'라는 뜻을 지닙니다. '소'는 장소를 의미합니다. 즉, '시은소'는 하나님의 은혜가 머무는 곳, 그 은혜가 넘치는 장소, 그리고 인간의 죄를 덮어주는 장소란 뜻을 가지고 있습니다.

이 찬송을 부르며 성도들은 큰 감동 하였고, 기도를 통해 하나님께서 교회에 주신 이름에 대한 확신을 얻게 되었습니다. 교회는 하나님의 은혜를 나누는 장소로서, 성도들이 그 안에서 위로받고 힘을 얻으며, 다시 세상으로 나아가 그 은혜를 전파하는 사명을 품게 된 것입니다.

하나님의 은혜가 머무는 곳

'시은소'라는 이름에는 교회의 사명이 깊이 담겨 있습니다. 교회는 단순한 예배 장소가 아닙니다. 교회의 이름처럼, 시은소교회는 하나님의 은혜가 머무는 장소로서, 성도들이 그 안에서 하나님의 사랑과 은혜를 경험하고, 그 은혜를 이웃과 함께 나누는 공간이 되기를 소망하고 있습니다. 성도들은 그 이름을 붙잡고 매일 기도하며, 교회가 은혜의 보좌로서 역할을 다할 수 있도록 헌신해 왔습니다.

시온소교회의 변화

시온소교회의 이야기는 마치 하나님께서 이스라엘 백성을 광야에서 인도하신 것처럼 그의 백성들과 함께 걸어가신 여정입니다. 그 여정 속에서 교회는 수많은 시련과 도전을 겪었지만, 그 모든 순간에도 하나님의 은혜는 변함없이 흐르고 있었습니다. 광교 지역이 개발되기 전, 이 지역은 그저 외진 곳에 불과했습니다. 누구도 주목하지 않던 그곳에 하나님의 교회가 세워졌고, 성도들의 헌신과 기도 속에서 하나님의 뜻을 이루는 장소로 서서히 자리 잡았습니다.

시온소교회는 거대한 숲속 외딴곳에 심어진 작은 씨앗과 같았으나 불편한 환경 속에서도 성도들은 묵묵히 헌신하며 교회를 지켜왔습니다. 우리가 걸어온 여정은 쉽지 않았지만, 그 과정에서 깊은 연대감과 하나 됨을 경험했습니다. 하나님께서는 그들의 발걸음 속에서 교회의 뿌리를 더욱 단단하게 내리셨습니다. 그들의 발걸음이 험난했기에 교회는 더욱 강건히 세워질 수 있었습니다.

수원 지역은 특별히 불교가 강세를 보였던 곳입니다. 그러기에 교회는 어려운 위치에 놓여 있었습니다. 포교당이 교회 바로 옆에 있어 굿이 자주 벌어졌고, 굿이 시작될 때마다 어린 시절 저는 홀로 담장에 서서 "하지 마라"를 외치며 기도하셨습니다. 교회를 세우는 과정에서도 많은 어려움이 있었고, 외부에서는 교회를 무시하며 어려움을 가중했습니다. 그러나 하나님께서 주신 사명을 위해 단호하게 맞섰고, 결국 그 땅에서 교회는 더욱더 강하게 자리 잡게 되었습니다.

세월이 흐르며 광교 지역이 개발되면서 교회 주변은 점차 도시화하였습니다. 2000년대 초반부터 광교 신도시 개발이 본격화하며 과거 논밭과 숲이 가득했던 광교는 현대적인 아파트 단지와 상업 시설로 채워졌습니다. 광교천 주변에는 산책로와 공원이 조성되었고, 대형 쇼핑몰과 공공기관들이 들어서면서 주민들의 편의 시설도 크게 개선되었습니다. 이러한 변화로 인해 시온소교회는 더 이상 외딴곳에 자리한 외로운 교회가 아니었습니다. 이제 교회는 지역 사회의 중심으로 자리 잡았고, 하나님의 은혜가 세상 속에서 실현되는 통로가 되었습니다.

교회 내부에서도 변화가 있었습니다. 과거 원로 목사님의 카리스마적 리더십은 성도들을 하나로 모으는 큰 힘이었지만, 시간이 흐르며 새로운 소통 중심의 리더십이 필요하게 되었습니다. 이 변화는 성도들에게 혼란을 주었지만, 하나님께서 그 과정에서 새로운 길을 열어가시며 그 과정에서도 일하고 계셨습니다. 마치 광야에서 하나님께서 그의 백성을 훈련하신 것처럼, 시온소교회는 새로운 길을 찾는 과정에서 더욱 단단해졌습니다.

2018년, 제가 부임하면서 교회는 전환의 순간을 맞이했습니다. 과거의 방식에 익숙했던 교회는 이제 새로운 비전과 소통의 리더십을 중심으로 다시 세워졌습니다. 이제는 모든 성도가 함께 참여하고 서로의 이야기를 나누며 공동체를 이루는 교회로 변모하게 되었습니다. 이 변화는 예배의 전환과도 맞물려 있었습니다. 이전에는 원로 목사님의 초인적인 헌신에 따라 성장했습니다. 그 시기 교회는 많은 열매를 맺었지만, 신앙의 깊이를 다질 체계적인 교육은 솔직히 부족했습니다. 이후 시은소교회로 자리를 옮기며 성령에 따른 사역들이 활발하게 이루어졌지만, 여전히 교육의 부족함이 남아 있었습니다.

이러한 상황에서 사역에 대한 많은 고민이 이어졌습니다. 어떻게 하면 교회의 기반을 튼튼히 하고, 성도들의 신앙을 더욱 깊이 있게 다질 수 있을지에 대한 고민이었습니다. 그 결과, 무엇보다 중요한 것은 신앙의 중심을 바로 세우는 것, 그리고 제자 훈련이라는 깨달음에 이르게 되었습니다. 이는 성도들이 신앙의 중심을 견고히 하고, 교회가 하나로 연합하여 하나님께 나아가는 길을 마련하는 데 있어서 필수적이었습니다.

2부

교회론

중심을 바로 세우기

우리 인생에서 가장 중요한 것은 흔들리지 않는 중심을 세우는 것입니다. 삶의 거친 여정 속에서도 나무가 깊이 뿌리 내리려 강풍을 견디듯, 우리는 신앙의 중심을 바로잡아야 합니다. 그리스도인의 삶에서 그 중심은 예수 그리스도입니다. 중심을 잃으면 목표가 아무리 높아도 쉽게 흔들리고, 결국 길을 잃게 됩니다. 반면, 예수님을 삶의 중심으로 삼으면 흔들림 없이 나아가며, 그리스도인으로서 견고한 믿음을 지켜 낼 수 있습니다.

중심을 잡는다는 것은 단순한 결심 이상의 의미가 있습니다. 이는 삶의 방향을 명확히 하고 목표를 확고히 세우는 것을 뜻합니다. 중심이 확고한 사람은 어떠한 어려움 속에서도 흔들리지 않으며 목표를 잃지 않고 나아갑니다. 우리의 인생은 수많은 도전과 시험을 맞닥뜨리지만, 예수님을 중심에 둔 사람은 그 모든 시험을 이겨낼 수 있습니다. 그분은 우리가 살아가는 이유와 목적의 근원이 되시기 때문입니다.

사도행전 11장에서 안디옥 교회는 변화와 성숙을 통해 중심을 잡는 과정의 좋은 본보기를 보여줍니다. 예루살렘 교회가 핍박받으며 흩어진 성도들이 안디옥에 이르게 되었고, 그곳에서 많은 이방인이 복음을 듣고 주님께 돌아오게 되었습니다. 안디옥 교회는 성도들이 예수 그리스도를 주님으로 받아들이고 삶의 중심을 새롭게 정립하며, 헌신과 사랑으로 지역 사회에 복음을 전파했습니다.

이 과정에서 그들은 기존의 가치관이 불완전하다는 것을 깨닫고 새로운 방향으로 삶을 전환했습니다. 이는 단순히 생각과 가치관을 바꾸는 것이 아니라 삶의 모든 영역에 걸친 근본적인 변화를 주는 것이었습니다. 안디옥 교회는 공동체의 힘을 발휘하며, 성도들이 서로를 돌보고 섬기는 사랑을 실천하는 공동체로 발전했습니다. 그들은 기도와 금식으로 하나님의 뜻을 구하며, 서로에게 영적인 도움을 제공했습니다. 이러한 변화는 단순히 개인의 신앙 변화에 그치지 않고, 공동체 전체의 변화를 끌어냈습니다. 안디옥 교회는 서로를 격려하고, 주님의 가르침을 삶 속에 구현하는 데 집중하며 많은 이들에게 모범이 되었습니다.

그들이 보여준 중요한 것은 '돌아옴'의 의미였습니다. 그들이 걸어간 길은 우리에게도 중요합니다. 우리의 삶을 재구성하고 새로운 목표를 설정하는 이 과정이야말로 신앙의 출발점이 되기 때문입니다. 이처럼 삶의 중심을 예수님께로 돌리는 것은 지속적인 과정입니다. 우리는 일상의 여러 순간에서 잘못된 가치관이나 우선순위를 버리고 예수님께 나아가야 합니다. 이는 단번에 이루어지는 변화가 아니라, 매일의 삶 속에서 꾸준히 실천해야 하는 여정입니다. 매일의 결정 속에서 예수님의 가르침을 따르고, 중심을 바로 세우려는 노력이 필요한 것입니다.

각자 인생관과 목표를 세우며 살아가지만, 그것들이 영원한 의미를 줄 수 있는지 계속 질문해야 합니다. 어느 시점에는 자신이 추구하던 가치관이 부족하고 한계가 있음을 깨달아야 합니다. 그때 우리는 주님께로 돌아가야 합니다. 이것은 단순한 마음의 변화가 아닌, 삶의 모든 면에서 재구성이 필요합니다. 주님을 삶의 주인으로 받아들이고 그분을 중심으로 삼는 것이 신앙의 핵심입니다. 이러한 전환을 통해 우리는 진정한 목적과 의미를 발견하고, 풍요로운 삶을 살아갈 수 있습니다. 예수님을 중심으로 삼는 삶은 단순히 종교적 의무를 수행하는 것이 아니라, 새로운 정체성을 가지게 되는 것입니다. 우리는 이제 더 이상 이전의 불안정한 상태에 머물지 않고, 영원히 변하지 않는 주님을 우리의 중심에 두며 살아가야 합니다.

인간의 가치관과 신념은 종종 불완전합니다. 우리의 목표와 방향이 얼마나 훌륭해 보여도, 그것이 하나님과 상관없는 것이라면 금방 한계에 부딪히고 허무함을 느끼기 쉽습니다. 인간의 지혜와 힘은 유한하고 변화무쌍하여서 우리가 이를 인생의 중심으로 삼는다면 결국 그 중심은 무너질 수밖에 없습니다. 그러나 하나님은 완전하시며 영원히 변치 않으십니다.

예수 그리스도를 중심에 둘 때, 우리는 흔들리지 않는 견고한 기초 위에 삶을 세울 수 있습니다. 그분은 우리에게 참된 의미와 방향을 제시하시며, 우리가 살아가야 할 이유를 분명하게 해주십니다. 이는 쉽지 않은 과정이지만, 참된 의미와 목적을 발견하기 위한 필수적인 첫걸음입니다. 우리의 삶이 주님께 돌아오는 그 순간, 우리는 새로운 출발을 맞이하며 삶의 목적을 새롭게 정의하게 됩니다. 이 돌아옴은 매일의 삶에서도 반복되어야 합니다.

우리가 삶의 중심을 흔들리게 하는 요소들을 만날 때마다, 다시 예수님께로 돌아가야 합니다. 이것이 그리스도인의 끊임없는 여정입니다. 이 여정은 매일의 선택 속에서 지속해서 예수님을 우리 삶의 중심에 두는 것을 의미합니다. 우리의 삶이 복잡하고 바쁜 가운데에서도, 중심을 잃지 않기 위해 우리는 매 순간 하나님께 의지해야 합니다. 이러한 지속적인 돌아옴을 통해, 우리는 점점 더 하나님께 가까이 나아가며, 그분의 뜻을 따르는 삶을 살아가게 됩니다.

중심을 잡는 삶은 우리가 맺는 인간관계에서도 큰 영향을 미칩니다. 예수님이 우리의 삶의 중심에 있다면, 우리는 다른 사람들과의 관계에서도 사랑과 자비, 용서를 실천할 수 있습니다. 예수님을 중심으로 삼은 사람은 자신의 이익보다 하나님의 뜻을 우선하며, 다른 사람들을 섬기고 그들을 위해 헌신하게 됩니다. 이러한 삶은 단지 개인적인 만족을 넘어, 공동체와 사회를 변화시키는 강력한 원동력이 됩니다. 안디옥 교회가 그러했듯이, 우리가 예수님을 중심으로 삼을 때 우리는 주위에 긍정적인 영향을 미칠 수 있습니다.

이러한 영향력은 가정에서도 나타나며, 가정 안에서 서로를 존중하고 사랑하며, 서로를 위한 기도와 격려를 아끼지 않는 모습으로 이어집니다. 가정이 신앙의 중심이 될 때, 그것은 우리의 사회와 공동체 전체로 퍼져나가게 됩니다. 예수님을 중심으로 삼은 가정과 공동체는 갈등보다는 화해를, 불신보다는 신뢰를, 무관심보다는 사랑을 선택하게 되며, 그로 인해 하나님께 영광을 돌리게 됩니다.

결론적으로, 중심을 잡는 삶이란 예수 그리스도를 삶의 주인으로 모시고 그분의 인도하심을 따르는 삶입니다. 이 중심이 우리를 참된 만족과 의미로 이끌 것입니다. 예수님을 중심으로 한 삶은 우리에게 힘을 주고, 어떤 시련 속에서도 우리를 지탱하며, 하나님께서 우리를 통해 세상에 사랑과 진리를 드러내도록 합니다. 우리는 매일 우리의 중심을 점검하고, 더욱 깊이 예수님께 뿌리내리기를 소망해야 합니다.

이러한 중심을 통해 우리는 진정한 삶의 목적과 만족을 발견하며, 하나님의 인도하심을 따라 용기 있게 살아갈 수 있습니다. 예수님을 중심으로 삼을 때 우리는 더 이상 혼자 고립된 존재가 아닌, 하나님의 크고 놀라운 계획 속에서 중요한 역할을 맡은 사람들로서 살아가게 됩니다. 이는 우리에게 큰 기쁨과 소망을 줍니다. 우리의 중심이 예수님일 때, 우리는 날마다 새로운 힘을 얻고, 주변의 사람들에게도 그 빛을 나눌 수 있는 삶을 살아가게 됩니다.

광교 지역의 급격한 발전 속에서 시은소교회는 여러 가지 도전과 어려움에 직면했지만, 그러나 하나님은 새로운 비전을 준비하고 계셨고, 교회는 이에 응답하며 새로운 리더십 아래 다시 성장의 길로 나아갔습니다. 이 성장은 단순한 숫자적 증가가 아니라, 성도들이 하나님의 은혜를 깊이 경험하고 신앙적으로 성숙해지는 것을 의미했습니다. 교회는 성도들과 함께 지역 사회에 뿌리를 내리며, 하나님의 사랑을 경험하고 이를 나누는 공동체로서 성장하고 있습니다. 이 과정에서 성도들은 함께 예배하고 기도하며, 서로의 필요를 채워주기 위해 노력했습니다.

시은소교회는 하나님께서 허락하신 어려움을 통해 더욱 강건해졌고, 그 과정을 통해 성도들은 깊은 신앙으로 성장하게 되었습니다. 이는 단순한 숫자적 성장에 머무르지 않고, 하나님의 은혜를 체험하고 이를 나누는 공동체로 나가고 있습니다. 성도들은 함께 예배하고 사역하며, 함께 걸어가는 기쁨을 누리고 있습니다.

이러한 여정은 단순히 교회의 내부적인 성장뿐만 아니라, 지역 사회의 변화에도 기여하고 있습니다. 교회는 하나님의 사랑을 지역 사회에 널리 퍼뜨리며, 그 사랑이 더욱 많은 이들에게 전해질 수 있도록 노력하고 있습니다. 시은소교회는 하나님의 은혜를 이 땅에 실현하는 영적 등대로서, 그 빛으로 많은 사람을 인도하는 사명을 지속할 것입니다.

이 사명을 이루기 위해 성도들은 매일의 삶 속에서 예수님을 중심으로 삼고, 그분의 인도하심을 따르며, 지역 사회와 세상 속에서 하나님의 사랑을 나누는 데 헌신하고 있습니다. 이러한 노력은 궁극적으로 하나님의 나라를 확장하고, 모든 이들에게 참된 평안과 소망을 전하는 데 이바지할 것입니다.

사랑과 헌신으로 세워진 교회

시은소교회는 한 사람의 헌신과 사랑으로 시작되어, 그 본을 따르는 성도들의 헌신을 통해 성장해 온 교회입니다. 그 중심에는 원로 목사님의 헌신적인 삶이 있었습니다. 원로 목사님은 단순히 설교를 통해 신앙을 가르치신 것이 아니라, 자신의 삶 자체를 통해 교회의 진정한 신앙의 기둥을 세워나가셨습니다. 교회는 그분이 흘린 땀과 눈물, 그리고 성도들과 나눈 깊은 사랑 위에 우뚝 섰습니다. 원로 목사님의 헌신은 성도들에게 커다란 영감을 주었고, 성도들 역시 그 사랑을 본받아 교회를 함께 세워갔습니다.

그 사랑은 자신을 힘들게 했던 이들까지도 품는 용서와 용납을 실천하는 사랑이었습니다. 원로 목사님은 어린 시절 고아원에서 겪은 힘겨운 경험을 통해 깊은 상처를 받았지만, 그 상처를 하나님께 맡기며 고난 속에서도 더 강한 사랑을 실천하는 길을 선택하셨습니다. 이 고난의 경험은 원로 목사님에게 용서와 사랑을 실천하는 큰 배움이 되었고, 성도들에게 깊은 울림으로 다가왔습니다. 어린 시절의 고난은 진정한 사랑과 용서를 배우는 과정이었고, 그 경험은 교회를 이끄는 데 있어 든든한 밑거름이 되었습니다. 자신의 고난을 하나님께 바치며, 교회를 세우는 데 온 마음을 다한 원로 목사님의 삶은 진정한 그리스도의 사랑과 용서가 무엇인지 보여주는 생생한 본보기가 되었습니다.

초기 남문교회 시절, 자원이 부족하고 예배당조차 마련되지 않았던 상황에서도 교회의 작은 일에도 큰 사랑을 담아 실천하셨습니다. 예배당의 화장실을 직접 청소하시며, "똥이 많아지는 것은 성도들이 늘고 있다는 증거"라며 기뻐하셨습니다. 예배당의 작은 문제들조차 기쁨으로 해결하시며, 교회를 향한 사랑을 구체적으로 드러내셨습니다. 이처럼 작은 일 하나하나에도 깃든 사랑은 교회의 뿌리가 되어, 성도들이 서로를 더욱 사랑하고 헌신하게 했습니다. 성도들은 원로 목사님의 말뿐 아니라, 그분의 행동 하나하나를 통해.진정한 섬김의 의미를 배웠습니다. 교회가 가진 것은 부족했지만, 그 부족함을 채워나가는 것은 물질이 아니라, 사랑과 헌신이라는 것을 몸소 보여주셨습니다. 성도들은 원로 목사님의 이러한 모습을 보며 서로에게 필요한 존재가 되어주었고, 그 안에서 진정한 공동체로 성장해 나갔습니다. 교회는 단순히 신앙의 공간을 넘어, 서로의 헌신과 사랑이 뿌리내린 진정한 공동체로 자리 잡게 되었습니다.

작은 일에 충성하는 중요성

작은 일에 대해 충성함은 우리의 신앙과 삶에서 중요한 덕목 중 하나입니다. 우리의 신앙 여정은 크고 화려한 사건들로 이루어진 것이 아니라, 일상의 작은 순간이나 눈에 띄지 않는 소박한 헌신으로 빛납니다. 겉으로 보기에 사소하고 때로는 힘든 일에도, 하나님의 사랑과 헌신이 깃들어 있을 때 그 일은 매우 가치 있고 귀하게 됩니다.

안디옥 교회가 우리에게 남긴 중요한 교훈 중 하나는 바로 이러한 작은 일에 대한 충성함의 가치입니다. 그들의 시작은 작고 보잘것없어 보였지만, 그 작은 충성함이 하나님의 손길을 통해 세상을 변화시키는 중요한 출발점이 되었습니다. 구브로와 구레네 출신의 몇몇 신자들이 자신들에게 맡겨진 사명을 충성이 감당하며 안디옥에 복음을 전했을 때, 아마 그들은 자신들이 하는 일이 단지 작은 한 걸음일 뿐이라고 생각했을지도 모릅니다. 그러나 그들의 작은 충성함이 하나님의 계획안에서 사용되었을 때, 그것은 교회를 세우고 역사를 변화시키는 큰 역할을 했습니다. 그들이 작은 일을 소중히 여기며 최선을 다했기에, 안디옥 교회는 세계적인 변화를 일으키는 거대한 믿음의 공동체로 성장할 수 있었습니다.

작은 일에 충성하는 것은 사람들의 눈에 쉽게 띄지 않고, 그 결과가 즉각적으로 나타나지 않을 수도 있습니다. 그렇기에 우리는 때로 이러한 적은 노력의 가치를 과소평가하거나 낙심하기 쉽습니다. 하지만 하나님의 계획안에서 작은 일은 결코 하찮거나 무의미하지 않습니다. 작은 섬김과 헌신은 하나님께서 소중하게 여기시는 덕목 중 하나입니다. 안디옥 교회가 그 첫걸음을 소홀히 하지 않았기 때문에, 이방인들에게 복음을 전하는 중요한 시작이 되었고, 그로 인해 오늘날 전 세계에 기독교가 퍼질 수 있었습니다. 이는 그들이 작은 일에도 충성했을 때, 하나님의 큰 뜻이 그들로부터 이루어졌다는 중요한 증거입니다.

교회 안에서의 작은 섬김과 일상에서의 작은 헌신도 이와 같습니다. 우리는 작은 일들이 종종 미미하게 느낄 수 있습니다. 그러나 그 속에 담긴 의미를 하나님은 결코 가볍게 여기지 않으십니다. 예를 들어 교회에서의 청소, 남모르게 드리는 기도, 성도들을 위해 내미는 따뜻한 손길 등 이러한 작은 섬김은 하나님의 손길 안에서 원대한 열매로 맺힐 수 있습니다. 우리의 작은 친절, 작은 나눔, 작은 사랑의 표현은 하나님의 큰 계획안에서 중요한 역할을 할 수 있는 도구로 사용될 수 있습니다. 이러한 충성함은 단순한 봉사를 넘어, 하나님의 영광을 드러내는 행위이며, 신앙의 본질을 깨닫고 실천하는 데 중요한 역할을 합니다.

그런데 그리스도인의 섬김은 단지 교회 안에서 섬김을 넘어서, 우리의 일상에서도 하나님의 사명을 충성이 감당하는 것을 의미합니다. 우리는 때로 우리 자신이 큰일을 할 수 없다고 느끼거나, 세상을 바꾸기에는 너무나 작다고 생각할 수 있습니다. 그러나 하나님의 시선에서는 작은 행동이 모여 더 큰 그림을 그리게 됩니다. 예를 들어 일상 속 작은 친절 하나가 누군가의 삶에 큰 희망이 될 수 있고, 작은 기도가 커다란 기적을 불러올 수도 있습니다.

교회 사역이든 개인의 신앙생활이든, 작은 일에 충성하는 것은 우리가 감당해야 할 중요한 사명입니다. 안디옥 교회가 그 작은 시작을 소홀히 여기지 않았듯이, 우리도 각자가 맡은 작은 일들을 성실히 감당하며 그 과정에서 하나님께서 이루실 큰일을 기대합니다. 우리가 소중하게 여기지 않던 작은 섬김과 노력이 하나님의 손길 안에서 큰 역사로 이루어질 것을 믿습니다.

초대교회를 보면 하나님께서 작은 일을 통해 복음이 이방인에게까지 전해지는 놀라운 역사를 이루신 것을 볼 수 있습니다. 이는 그들이 처음부터 큰일을 이루려는 것이 아니라, 자신에게 주어진 작은 일에 충성했기 때문에 가능했습니다. 마찬가지로 우리가 맡은 일에 최선을 다하며 신뢰와 기쁨으로 그 일을 감당할 때, 하나님께서 어떻게 역사하실지 우리는 기대하고 감사해야 합니다.

하나님의 위대한 역사 속에서 우리는 미약하고 작을지라도, 그 작은 순종이 하나님 나라의 건설에 중요한 주춧돌이 됨을 잊지 말아야 합니다. 하나님께서는 우리의 작은 순종을 통해 세상을 변화시키는 큰 역사를 이루실 수 있으며, 그 과정에서 우리는 하나님의 임재와 은혜를 깊이 경험할 수 있습니다. 그러므로 우리는 낙심하지 않고, 작은 일들에 대한 소명을 가지고 매일의 삶을 살아가야 합니다. 이러한 충성함이 곧 하나님께 드리는 진정한 헌신의 표현이자, 하나님의 큰 뜻을 이루는 도구로 사용될 것입니다.

이것이 진정한 신앙의 근본이며, 하나님 앞에 겸손히 우리의 삶을 드리는 방식입니다. 삶은 곧 예배가 되며 눈에 띄지 않는 곳에서도, 미미하게 여겨지는 일에서도 우리는 하나님께 드리는 최선의 예배를 드리고 있습니다. 그 작은 예배들이 모여 하나님의 큰 영광을 드러내는 도구로 사용될 때, 우리의 믿음의 여정은 더욱 풍성해지고, 세상은 하나님의 사랑과 은혜로 충만해질 것입니다.

공동체의 헌신과 사랑

시은소교회는 성도들의 공동 헌신이 교회의 힘이 되었습니다. 성도들은 서로의 기쁨과 슬픔을 함께 나누며 헌신을 통해 하나님의 사랑을 깊이 경험하고 있습니다. 교회 마당에서는 성도들이 자발적으로 모여 화단을 가꾸며 하나님을 향한 존경과 공동체를 향한 따뜻한 마음을 표현합니다. 꽃잎 하나하나를 돌보는 손길에는 하나님께 드리는 헌신의 마음이 담겨 있습니다. 그러기에 교회 앞 정원은 단순히 꽃들로 채워지는 것이 아니라, 성도들의 사랑과 헌신으로 가꾸어지는 공간이 되는 것입니다.

또한 매주 월요일, 성도들은 교회를 청소하기 위해 모입니다. 아침마다 성도들은 교회를 위해 시간을 내어 걸레를 잡고, 빗자루를 들고 성전 구석구석을 정성스럽게 쓸고 닦습니다. 이러한 자발적인 성도들의 헌신은 성도들의 기도와도 같아, 눈에 보이지 않는 먼지까지 주의 깊게 털어내며 하나님 앞에서 깨끗하게 나아가고자 하는 마음을 드러냅니다. 이 청소의 시간은 단순한 육체적 노동이 아니라 하나님께 드리는 마음과 예배의 정신을 담고 있으며, 성도들은 이를 통해 작은 섬김의 중요성을 깨닫고 있습니다.

청소가 진행되는 동안 또 다른 성도들은 부엌에 모여 식사를 준비합니다. 그리고 정성스럽게 끓여낸 국과 밥은 성도들 사이에 나누어집니다. 이 따뜻한 한 끼는 단순한 식사가 아니라 서로를 위해 헌신하는 사랑의 상징이며, 이 시간은 성도들이 하나님의 사랑과 은혜를 경험하고 교회를 섬기는 기쁨을 나누는 중요한 순간입니다. 식사 준비와 나눔의 과정에서도 성도들은 서로의 필요를 채우고자 하는 마음으로 움직이며, 이 시간을 통해 공동체의 유대감을 깊게 합니다.

어느 날, 광교천이 범람의 위기에 처하자 성도들은 밤낮을 가리지 않고 교회를 지키기 위해 달려왔습니다. 폭우 속에서도 성도들은 하나 된 마음으로 서로를 격려하며 교회를 보호했습니다. 그들의 손에는 물을 퍼내기 위한 도구들이 들려 있었고, 마음에는 하나님을 향한 믿음이 가득했습니다. 이러한 순간들 속에서 성도들은 서로의 헌신과 사랑을 다시금 확인하며 하나님 앞에서 한 가족임을 확인할 수 있었습니다.

또한, 시은소교회 성도들은 종종 자발적으로 큰 천막을 치고 통바비큐 파티를 열어 함께 교제하는 시간을 가집니다. 이 행사는 단순한 교회 행사가 아닌, 서로의 삶을 나누고 격려하는 소중한 교제의 장입니다. 성도들은 함께 먹고 마시며 웃음과 대화를 나누는 그 순간들 속에서 하나님의 사랑이 어떻게 흘러가고 있는지를 깊이 경험합니다. 이러한 교제를 통해 성도들은 교회의 의미를 되새기고, 서로의 신앙을 북돋우며 하나님 앞에서 하나 된 공동체임을 실감하게 됩니다.

성도들의 헌신은 교회를 넘어 지역 사회를 위한 사역에도 적극적으로 참여하고 있습니다. 성도들은 하나님의 말씀과 제자 훈련의 가르침에 따라 성도들은 교회의 울타리를 넘어 이웃에게 하나님의 사랑을 전하며, 그 사랑을 행동으로 실천하고 있습니다. 성도들은 소외된 이웃을 돌보고, 어려움에 부닥친 사람들에게 손을 내밀며 하나님께서 주신 사랑을 나누고 있습니다. 이러한 활동은 단순한 봉사 이상의 의미가 있으며, 하나님의 사랑을 전하는 사명과 서로에게 소망을 주는 행동입니다.

시은소교회의 성장은 건물의 확장이나 성도의 수에 있지 않고, 얼마나 많은 사람에게 하나님의 사랑을 전하고 있는가에 달려 있습니다. 하나님의 사랑은 단순히 말로만 전해질 수 있는 것이 아니라, 행동으로 나타날 때 그 진정한 가치가 빛을 발합니다. 성도들은 이러한 진리를 마음 깊이 새기며 그들의 일상에서 하나님의 사랑을 실천하고 있습니다. 작은 미소에서 시작해 누군가의 손을 잡아주는 따뜻함으로 이어지는 사랑, 이러한 헌신과 사랑이야말로 시은소교회의 진정한 성장의 원동력입니다. 시은소교회의 성장은 보이지 않는 곳에서 묵묵히 사랑을 전하는 사람들의 헌신 속에 있습니다. 성도들의 헌신과 사랑은 이 땅 위에 하나님의 나라를 이루는 작은 불씨가 되어 점점 더 많은 사람에게 전해지고 있습니다.

문화 사역

지역 사회와 하나 되는 교회

시은소교회의 또 다른 중요한 사명은 지역 사회와의 연대와 섬김입니다. 교회는 단순히 성도들만을 위한 공간이 아니라, 지역 사회를 섬기기 위한 공간으로도 사용되어야 합니다. 시은소교회는 그 사명을 인식하고, 지역 사회와 긴밀히 협력하며 다양한 나눔의 사역을 실천해 왔습니다. 교회는 그리스도의 사랑을 이웃과 나누는 것이 복음 전파의 중요한 방법이라고 믿습니다. 지역 사회에 필요한 도움을 제공하는 사역을 통해, 그들의 필요를 채우고 하나님 나라의 사랑을 나누고 있습니다. 교회는 그들의 필요를 귀 기울여 듣고, 그들의 어려움에 응답하는 방식으로 하나님의 사랑을 실천하고 있습니다. 이러한 섬김의 사역은 단순한 물질적 나눔에 그치지 않고, 복음을 통해 그들의 영혼을 구원하는 사역으로 이어집니다.

초기 기독교 역사에서 위대한 전환점을 마련한 중요한 교회는 바로 안디옥 교회입니다. 이 교회는 복음이 유대교의 전통적 경계를 넘어 모든 인류로 확장되는 시작점이 되었습니다. 예루살렘 교회가 주로 유대 전통에 기반한 공동체였던 반면, 안디옥 교회는 유대인과 이방인이 함께 모여 진정한 다문화적 공동체를 형성한 최초의 사례였습니다. 이를 통해 복음이 특정 민족을 넘어 전 세계 모든 사람에게 열려 있음을 상징적으로 보여주었습니다. 이는 기독교 신앙이 본래부터 지니고 있던 포용성과 보편성을 실천으로 보여준 것이며, 기독교가 특정 민족이나 전통에 국한되지 않는다는 것을 증명한 사건이었습니다.

당시 유대인들은 전통과 관습을 지키며 이방인과의 관계를 제한하였고, 이방인은 하나님의 구원에서 제외된 존재로 여겨졌습니다. 유대인들은 자신들이 선택받은 민족이라는 자부심 속에서, 이방인과의 교류를 경계하고 신앙적 경계를 유지하려 했습니다. 하지만 안디옥 교회는 이러한 장벽을 허물고 유대인과 이방인이 함께 예배하는 새로운 공동체를 형성하였습니다.

이들은 그리스도 안에서 모든 사람이 동등하며 하나님의 자녀로 받아들여질 수 있음을 증명했습니다. 복음이 특정 집단에 국한되지 않고 모든 사람에게 주어진 하나님의 구원 메시지임을 실제로 구현한 것입니다. 이러한 과정을 통해 기독교가 민족적, 문화적 경계를 초월해 전 세계로 확산할 수 있는 토대를 마련했습니다. 이에 따라 기독교는 다양한 배경을 가진 사람들이 함께 모여 하나님의 사랑 안에서 연합하는 새로운 모델을 제시할 수 있었습니다.

안디옥 교회의 의미와 가치는 그들이 이룬 '연합'과 '포용'에 있습니다. 이 교회는 유대인과 이방인 사이의 벽을 허물며, 진정한 의미에서 모든 사람이 하나 될 수 있는 공동체의 모습을 보여주었습니다. 그들은 이방인들도 하나님의 사랑과 은혜를 누릴 자격이 있음을 몸소 증명했고, 이를 통해 복음의 보편성을 구체화했습니다.

이러한 안디옥 교회의 예시는 오늘날 교회가 본받아야 할 중요한 모범이 되고 있으며, 복음의 보편성과 모든 배경을 초월한 연합의 가치를 몸소 실천했던 좋은 사례입니다. 연합의 정신은 현대 교회에도 여전히 중요한 과제로 남아 있으며, 모든 민족과 문화가 함께 예배하는 교회를 이루기 위한 근본적인 사명으로 이어집니다.

또한, 이것은 기독교 선교의 중요한 출발점이었습니다. 바나바와 바울 같은 인물들이 교회에서 파송되어 복음을 널리 전파하였고, 그 결과 많은 사람이 그리스도를 알게 되었습니다. 이 교회는 복음을 세상 끝까지 전하라는 그리스도의 명령을 실천하는 데 있어 선구적인 역할을 했습니다. 안디옥 교회가 품은 선교적 비전은 단지 내부적인 예배 공동체를 넘어서, 복음을 세상 곳곳으로 확장하려는 열정을 보여주는 것이었습니다.

그들의 선교는 단순히 특정 지역에 머무르는 것이 아니라, 다양한 민족과 지역에 복음을 전파하는 것으로 이어졌습니다. 이들의 헌신과 사명은 오늘날 교회들에도 큰 영감을 주며, 세상 속에서 교회가 어떠한 역할을 해야 하는지를 깊이 생각하게 만듭니다. 이들의 이야기는 모든 신앙 공동체에 신앙의 경계를 넓히고, 복음의 확장을 위해 헌신해야 한다는 중요한 가르침을 제공합니다.

시은소교회도 민족과 문화를 초월한 사랑과 연합의 공동체가 되기를 희망하고 있습니다. 우리는 특정한 배경에 제한되지 않고, 누구나 하나님을 만날 수 있는 열린 공동체를 지향하고자 합니다. 안디옥 교회가 그리스도 안에서 모든 이들이 하나 되는 모습을 보여준 것처럼, 우리도 그리스도의 사랑으로 모든 사람을 하나님께로 인도하려고 합니다. 다양한 문화와 배경을 가진 사람들이 함께 어울려 예배하며,

서로의 다름을 인정하고 사랑으로 하나 되는 공동체를 꿈꾸고 있습니다.

열린 하늘의 문, 이웃을 품은 울타리

시은소교회는 단순히 담 안에 머무는 신앙 공동체가 아니라, 지역 사회와 긴밀하게 연결되어 하나님의 나라를 실현해 가는 사역을 펼치고 있습니다. 교회는 예배, 교육, 문화가 만나는 자리에서 복음을 삶으로 녹여내려는 비전을 품고 있으며, 그 비전은 다양한 사역을 통해 구체화하고 있습니다. 하나님의 사랑이 가랑비처럼 세밀히 스며들 듯, 시은소교회는 지역 사회의 필요를 민감하게 파악하고 이에 응답합니다. 교회의 비전은 성도들이 지역 사회 속에서 하나님의 사랑을 체험하고 실천하도록 이끄는 데 중심을 두고 있으며, 그 사랑은 일상 속 작은 손길에서부터 공동체 전체를 아우르는 큰 움직임으로 확장됩니다.

시은소교회는 이웃과 지역 주민들이 마음 편히 드나들 수 있는 열린 공동체가 되어야 합니다. 마치 초대교회가 그랬던 것처럼, 시은소교회도 오늘날 그 열린 문을 이어가고자 합니다. 세상과 단절된 채 높은 벽을 쌓고 자신을 스스로 고립시키는 교회의 모습은 저희가 바라는 바가 아닙니다. 시은소교회는 예수님의 사랑을 온전히 전하며, 누구든지 찾아와서 쉬고, 기쁨을 누릴 수 있는 따뜻한 공간으로 자리 잡기를 희망합니다. 예루살렘 교회가 성전에서 예배를 드리며 예수를 믿지 않는 이들과 함께했던 것처럼, 시은소교회도 열린 마음으로 모든 이들을 환영하며 하나님의 사랑을 나누고자 합니다.

시은소교회는 바울과 바나바가 안디옥에서 수많은 사람을 가르치며 그들의 삶을 변화시켰던 것처럼, 다양한 장소와 방법을 통해 지역 주민들과 이웃들과 함께하고자 합니다. 교회 건물에 세워진 커다란 십자가는 사람들이 다가서기 힘들게 만들기보다는, 누구든지 따뜻하게 맞이하는 환영의 상징이 되어야 한다고 믿습니다. 저희는 사람들과 함께하며, 그들이 교회를 통해 새로운 변화를 경험하도록 돕는 것이 바로 시은소교회의 역할이라고 믿습니다.

사람들이 교회를 드나들며 그곳에서 진정으로 하나님을 만날 수 있을 때, 그들은 하나님의 살아 계심을 느끼게 됩니다. 이렇게 열린 공동체로서 그 안에서 진실한 믿음을 나누며 하나님을 드러내기를 소망합니다. 이 시대에 저희가 '그리스도인'이라는 이름의 가치를 회복하기 위해 첫 번째로 해야 할 일은, 누구나 찾아올 수 있는 열린 공동체가 되는 것입니다.

마음의 안식을 주는 따뜻한 쉼터

시은소교회는 구성원들이 기쁨으로 찾아오는 안식처가 되어야 합니다. 교회는 단지 모임을 하기 위한 장소가 아니라, 우리의 영혼이 깊은 안식을 누리는 곳이어야 합니다. 주일 예배에 오는 사람 중에서 하나님을 진심으로 예배하고자 오는 사람들은 얼마나 될까요? 그 수가 많지 않을지라도, 시은소교회는 모든 구성원이 하나님을 향한 마음으로 가득 차서 교회에 오기를 바랍니다. 교회에 오는 것이 우리에게 진정한 유익을 주는 이유는, 하나님께서 우리를 사랑하시고 우리가 그분에게 소중한 존재임을 끊임없이 확인시켜 주시기 때문입니다.

하나님께서 우리를 사랑하시고 우리의 가치를 인정하신다는 사실을 반복해서 경험할 때, 우리의 마음은 회복됩니다. 시은소교회에서의 예배는 단지 종교적 의무를 수행하는 자리가 아니라, 우리에게 위로와 치유의 시간을 제공합니다. 저희는 모두 불완전하고, 실수하고, 때로는 상처를 주고받지만, 교회는 그 불완전함을 사랑으로 품는 곳입니다. 시은소교회는 구성원들이 각자의 삶의 무게를 내려놓고 새 힘을 얻으며 영혼의 안식을 누리는 공간이 되기를 꿈꿉니다.

시은소교회를 통해 경험하는 안식은 단순한 휴식 이상의 것입니다. 이는 마음의 평안을 주고, 우리의 영혼을 새롭게 하는 시간입니다. 하나님과의 만남을 통해 세상에서 지친 영혼을 새롭게 하고, 상처받은 마음을 회복하는 시간입니다. 하나님께 예배드리는 이 시간이야말로 우리에게 가장 소중한 순간이며, 이 순간은 다시 삶의 도전을 이겨낼 힘을 줍니다. 시은소교회는 이러한 안식의 공간을 마련하며, 하나님과 깊은 만남을 통해 다시 힘을 얻는 성도들의 쉼터가 되기를 소망합니다.

낮은 자리를 향한 따스한 손길

시은소교회는 사회적 약자들이 부담 없이 다가올 수 있는 공동체가 되길 소망합니다. 지금의 한국 사회에서 교회와 세상과의 거리는 점점 더 멀어지고 있습니다. 그 간격을 좁히기 위해 벽을 허물고, 진정한 사랑으로 외롭고 지친 이웃을 맞이하려 합니다. 교회가 마땅히 해야 할 역할을 위해 시은소교회는 물리적 벽뿐만 아니라 마음의 벽까지 허물어야 합니다. 그래서 시은소교회는 교회의 공간을 공유하며 사람들이 자유롭게 드나들 수 있는 구조를 만들었습니다. 그러나 이러한 물리적 변화만으로는 충분하지 않습니다. 그렇기에 시은소교회는 지역 사회의 필요를 깊이 이해하고, 사회적 약자들에게 먼저 다가가 그들의 손을 붙잡기 위해 노력하고 있습니다.

시은소교회의 도움은 단순한 물질적인 지원에 머물지 않습니다. 세상과 이웃이 자신의 가치를 깨닫고 미래에 대한 꿈을 키울 수 있도록 돕는 것입니다. 저희가 하는 모든 일은 단순한 나눔이 아니라, 하나님의 사랑을 그들에게 전하는 통로가 됩니다. 시은소교회는 지역 사회의 낮은 자리에 있는 이들에게 따스한 손길을 내밀며, 그들과 함께 걸어가기를 소망합니다.

자신을 내어주는 삶

진정한 공동체를 이루기 위해서는 무엇보다도 급진적인 나눔의 삶이 필요합니다. 단지 물질적인 나눔에 그치지 않고, 성도 각자가 가진 시간과 재능을 기꺼이 나누며 서로를 섬기기를 결단하고 하나님께서 각자에게 주신 은혜에 따라 나눔과 헌신을 실천하며 살아가길 소망합니다. 특히 성도가 하나님이 주신 재능을 나누는 것은 하나님께서 우리에게 주신 특별한 은사를 공동체와 함께 사용하는 것입니다. 각자의 재능은 서로 다른 모습으로 나타날 수 있으며, 음악, 교육, 기술, 예술, 상담, 봉사 등 다양한 분야에서 드러날 수 있습니다. 이러한 재능을 기꺼이 나누고 사용함으로써 교회 공동체는 더 풍성해지고, 각 구성원이 하나님의 목적을 실현하는 데 기여할 수 있습니다.

재능을 나누는 것은 단순히 도움을 주는 것을 넘어서, 서로의 필요를 채우고 격려하며, 하나님께서 우리에게 허락하신 잠재력을 최대한 발휘하는 과정입니다. 나눔을 통해 우리는 서로에게 힘이 되고, 공동체의 모든 이들이 성장할 수 있는 환경을 만들 수 있습니다. 이러한 재능 나눔이야말로 진정한 섬김과 사랑의 실천입니다. 이러한 나눔은 교회와 이웃을 깊이 연결하며, 서로에게 주어진 은혜를 실현하는 방법이 될 것입니다. 나누는 삶은 곧 하나님의 사랑을 행동으로 나타내는 것이며, 하나님 나라의 가치를 실천하는 귀한 발걸음입니다. 시은소교회 모든 성도가 함께 이러한 나눔의 여정을 걸어가며, 우리의 삶을 통해 예수님의 사랑이 이웃에게 전달되기를 기대합니다.

나눔의 삶은 단순한 선택이 아니라, 우리가 그리스도인으로서 살아가는 이유입니다. 예수님께서 우리에게 보여주신 사랑은 자신을 스스로 내어주고 모든 사람을 품는 사랑입니다. 그 나눔이 물질적일 수도 있고, 시간일 수도 있으며, 혹은 우리의 재능일 수도 있습니다. 중요한 것은 그 모든 것이 하나님의 사랑을 전하기 위한 도구로 사용된다는 것입니다.

어떻게 이런 나눔이 가능한가?

시은소교회는 이 같은 나눔의 삶이 오늘날에도 충분히 가능하다고 믿습니다. 초대교회의 성도들 역시 우리와 다를 바 없는 평범한 사람들이었습니다. 그들이 특별했던 것은 그들이 부활하신 예수님을 진심으로 믿었다는 사실입니다. 그들에게 예수님의 부활은 단순한 상징이 아니라, 그들의 삶을 송두리째 바꿔 놓은 실제적인 사건이었습니다. 그들은 부활의 소망 속에서 새로운 시대가 열렸음을 믿었고, 그 믿음이 그들의 모든 것을 바치게 했습니다.

'그리스도'라는 이름은 단순한 종교적 타이틀이 아니라, '메시아의 사람들'이라는 의미를 지닙니다. 우리는 메시아의 사명을 이어받은 자들입니다. 시은소교회의 가족들은 이 땅에 이미 임한 메시아의 나라를 바라보며, 다시 오실 예수님을 소망하며 살아가는 하나님의 백성입니다. 이 땅의 삶은 잠시일 뿐이며, 영원한 삶이 우리를 기다리고 있음을 확실히 믿습니다. 그러므로 우리는 기꺼이 우리의 것을 나누며, 하나님께서 일하시는 그 일에 동참하려 합니다.

부활하신 메시아이신 예수님께 우리의 소망을 두며, 시은소교회의 모든 가족이 그분을 따르는 삶을 살아가기를 바랍니다. 우리의 꿈은 서로를 위로하는 데 그치지 않고, 급진적인 나눔을 통해 이 세상에 열매 맺는 나무가 되는 공동체로 나아가는 것입니다. 부활하신 예수님이 함께 계시기에 이 길을 갈 수 있습니다. 우리의 내면이 변할 때, 그것은 우리 삶의 모든 영역에서 분명히 드러나게 될 것입니다. 부활하신 메시아를 따라가며, 그분의 나라를 세워나가는 여정을 시은소교회는 계속해서 걸어갈 것입니다.

시은소교회가 실현하고자 하는 여정은 쉬운 길이 아닐지도 모릅니다. 그러나 우리가 예수님의 손을 잡고 함께 걸어간다면, 그 길 끝에 하나님의 나라가 기다리고 있음을 확신합니다. 우리는 서로의 손을 잡고, 이 세상에 하나님의 사랑을 전하는 사명을 이어갈 것입니다. 그것이 바로 우리가 존재하는 이유이며, 우리가 가야 할 길입니다.

또한, 교회의 CI(교회 아이덴티티)와 건축적 특성은 이러한 비전을 실현하는 데 중요한 역할을 하고 있습니다. 시은소교회의 건물은 20년이 넘었음에도 세련된 외관을 유지하고 있습니다. 이는 교회의 CI가 시간이 흘러도 퇴색되지 않도록 철저히 계획된 결과입니다. 교회의 벽돌은 미국 남부에서 사용하는 고급 자재와 유사한 것을 사용해, 세련되면서도 고급스러운 느낌을 줍니다. 그 벽돌 하나하나에 담긴 정성과 계획은 마치 성도들이 쌓아 올린 기도와 헌신의 시간을 상징하듯이, 오늘날까지 교회의 정체성을 지탱하고 있습니다. 이에 따라 광교 도시 전체가 교회의 벽돌색과 유사한 색상으로 맞춰졌다는 평가를 받을 정도로, 시은소교회는 광교의 상징적인 역할을 하고 있습니다.

단순히 종교적인 공간을 넘어, 지역 사회에 미학적 기여를 하고 있으며, 이러한 건축적 요소는 지역 주민들에게도 긍정적인 영향을 미치고 있습니다. 시은소교회의 CI 디자인은 젊은 세대와 중장년 세대 모두에게 매력적일 수 있도록 설계되었으며, 이는 세대를 초월한 시간의 조화를 이루고 있습니다. 이 디자인 속에는 시은소교회가 꿈꾸는 세대 간의 화합과 조화, 그리고 신앙의 연속성이 고스란히 담겨 있습니다.

시은소교회의 건축은 단순히 신앙 공동체의 공간을 넘어, 도시의 심미적 요소와 지역 사회의 상징으로 자리 잡았습니다. 원로 목사님은 교회의 디자인을 중요하게 여겼고, 이를 위해 저명한 전문가와 협력하여 교회의 색상과 디자인을 세련되게 유지했습니다. 마치 창조주께서 세상을 빚으실 때의 섬세함과 아름다움을 담고자 한 듯, 교회의 구석구석에는 그 세심한 배려와 디자인 철학이 녹아 있습니다. 이에 따라 세대와 시대를 아우르는 매력을 지니며, 오늘날까지 그 정체성을 이어오고 있습니다.

교회의 디자인 철학은 모든 성도와 지역 주민들이 편안함과 친근함을 느낄 수 있도록 하는 데 초점을 두었으며, 이는 지역 사회와의 소통을 위한 중요한 요소로 작용하고 있습니다.

교회의 위치적 특성 또한 지역 사회와의 연계를 강화하는 중요한 요소 중 하나입니다. 시은소교회는 서울과 경기 남부를 연결하는 교통의 요충지에 자리 잡고 있으며, 젊은 지성인들이 모이는 공간에 자리 잡았습니다. 이러한 위치적 이점은 교회의 사역을 더욱 넓고 깊게 펼칠 수 있는 토대가 되었고, 교회는 이 위치적 특성을 적극적으로 활용하여 지역 사회와 함께 나아가고 있습니다. 끊임없이 지역 사회와의 연결고리를 강화하며, 하나님의 사랑을 전하는 데 있어 구체적인 실천을 멈추지 않습니다.

교회의 세련된 건축적 매력과 공간적 특성은 지역 주민들에게도 매력적으로 다가가며, 신앙을 넘어서 지역의 문화적 중심으로 자리 잡고 있습니다. 교회는 다양한 문화 행사를 주최하고, 지역 주민들에게 열린 공간을 제공함으로써, 신앙과 문화가 조화롭게 공존하는 모델을 제시하고 있습니다.

이처럼 시온소교회는 지역 사회 속에서 열린 마음으로 모든 사람을 맞이하고, 교회의 문턱을 낮추어 누구나 쉽게 다가올 수 있는 공간을 만들기 위해 노력할 때 교회는 지역 주민들에게 친숙한 공간을 제공하며, 종교적 경계를 넘어선 소통과 나눔의 장으로 자리매김하고 있습니다.

이러한 노력은 교회와 지역 사회의 경계를 허물고, 하나님의 사랑을 실천하는 데 있어 중요한 역할을 하고 한 사람 한 사람의 필요를 민감하게 감지하며, 그들의 삶 속에 실질적인 도움을 제공함으로써 하나님의 사랑을 전달하고 있습니다.

교회의 사회적 책임

초대교회가 가난한 자들을 돌보고 그들의 필요를 채우기 위해 노력했던 것처럼, 현대 교회도 지역 사회의 필요를 살피고 실질적인 도움을 주려는 다양한 방안을 모색해야 합니다. 이를 위해 지역 사회의 문제 해결에 적극적으로 참여하고 있습니다. 교회는 정기적으로 노인들과 독거 어르신들을 위한 봉사 활동을 펼치고, 저소득 가정을 위한 식료품 지원 프로그램을 운영하고 있습니다. 또한, 미래 세대를 양성하는 데 기여하고 있습니다. 이 모든 활동은 마치 하나님께서 각 사람의 필요를 직접 채우시는 손길과도 같습니다.

교회가 사회적 책임을 다할 때, 세상은 교회를 통해 하나님의 사랑을 경험하게 될 것입니다. 또한 성도들도 이러한 사회적 책임을 통해 하나님의 사랑을 실천하며 세상 속에서 오를만한 언덕의 역할을 감당할 수 있게 됩니다. 사회적 책임은 단순한 자선 활동을 넘어, 사회의 불의와 고통을 직시하고 이를 해결하기 위한 노력을 포함합니다. 시은소 교회는 지역 사회, 국가, 나아가 전 세계의 문제에 깊은 관심을 두고, 하나님의 정의와 사랑을 실현하기 위해 적극적으로 행동해 왔습니다.

교회는 사회적 문제를 해결하기 위해 지역 사회의 단체들과 협력하고 있으며, 이에 따라 더 많은 사람에게 도움이 되는 다양한 프로그램을 개발하고 있습니다. 성도들이 이러한 사역에 참여함으로써 그들의 신앙은 더욱 성숙해지고, 교회는 세상 속에서 하나님의 뜻을 이루는 도구로 사용될 것입니다. 하나님께서 불의한 세상 속에서 선한 일을 이루시기를 원하시는 그 마음을 품고, 시은소교회는 끊임없이 지역 사회와 손을 맞잡고 나아갑니다.

주차장 개방: 나눔의 실천, 섬김의 공간

시은소교회의 주차장 개방 사례는 그 자체로 교회의 나눔과 섬김을 상징하는 중요한 일화입니다. 시은소교회의 주차장은 처음 400대 이상의 차량을 주차할 수 있는 넓은 공간을 가지고도 평일에는 많이 비어 있었습니다. 주차장 개방 결정의 배경에는 특히 광교 카페거리의 심각한 주차난이 중요한 요인으로 작용했습니다. 광교 카페거리는 다양한 카페와 상점들로 유명하여 주말이나 저녁 시간대에는 많은 방문객이 몰려들곤 했습니다. 하지만 제한된 주차 공간으로 인해 인근 지역에서는 주차 문제로 인한 주민들의 불편이 점점 커지고 있었습니다. 교회 인근의 도로와 주택가에도 불법 주차 차량이 넘쳐나며, 지역 사회는 주차 공간 부족으로 인해 많은 스트레스를 받고 있었습니다. 이러한 상황을 지켜본 저는 교회의 넓은 주차장을 주민들에게 개방함으로써 지역 사회의 문제 해결에 기여할 수 있다고 판단했습니다.

당시 교회는 주차장을 폐쇄하고 성도들만을 위한 공간으로 남겨두었지만, 하나님께서 주신 모든 자원을 지역 사회와 나누어야 한다는 목회자의 신념으로 교회는 하나님의 사랑을 나누는 장소, 믿지 않는 사람들도 밟을 수 있는 땅이어야 함을 밝힌 것입니다. 이 철학 속에서 교회는 결국 주차장을 개방했고, 그것은 지역 사회의 신뢰를 쌓아가는 중요한 계기가 되었습니다.

시은소교회는 주차장을 열고, 지역 주민들이 자유롭게 이용할 수 있도록 허락했습니다. 그 결정은 쉽지 않았습니다. 교회가 오픈되면 사람들이 교회 안으로 계속 들어와 살 수도 있다는 염려도 있었고, 보안과 안전의 문제도 여전히 도사리고 있었습니다. 법적인 문제부터 내부 반대까지 다양한 장애물이 있었습니다. 또 지하 주차장은 공유 주차장으로 등록되지 않았기에 개방할 수 없었고, 시의회와 여러 차례 협의해야 했습니다. 또한, 일부 장로님들은 외부인들이 교회로 들어오면서 발생할 수 있는 보안 문제나 시설 훼손에 대해 걱정했습니다. 심지어 개방 후, 교회 사모님이 직접 개똥을 치우는 일이 생길 정도로 예상치 못한 문제들도 있었습니다.

그럼에도 불구하고 교회는 주차장을 개방했습니다. 이 결정은 단순한 시설 개방 이상의 의미를 지니고 있었습니다. 교회는 그 공간이 지역 주민들에게 열려 있음을 상징적으로 보여주고 싶었고, 믿지 않는 사람들도 교회의 땅을 밟을 수 있어야 한다는 신념을 실천하고자 했습니다. 주차장 개방은 단순히 주차 공간을 제공하는 것을 넘어, 교회가 하나님의 사랑을 실질적으로 나누는 장소로서 지역 주민들을 맞이하는 준비를 마쳤다는 선언과도 같았습니다.

이에 따라 광교 카페거리의 주차난이 완화되었을 뿐만 아니라, 교회와 지역 사회 간의 긍정적인 소통과 신뢰가 쌓이게 되었습니다. 이 결정은 교회가 단순히 종교 활동을 넘어, 지역 사회의 필요를 채우는 존재로서 자리매김할 수 있는 중요한 계기가 되었습니다.

더불어 주변에 있는 코리아나 화장품, 농후 바이오와 같은 기업들이 주차장을 사용하게 되면서, 이웃과의 신뢰를 쌓고 있습니다. 또한, 플리마켓과 같은 행사에서도 주차장을 개방함으로써 지역 주민들과의 관계를 더욱 공고히 하고 있습니다. 플리마켓은 주민들이 교회에 조금 더 가깝게 다가갈 기회를 제공하며, 교회는 그 과정에서 지역 사회와의 연대를 강화하고 있습니다.

시은소교회는 목회 철학과 방향대로 단순한 신앙 공동체를 넘어, 지역 사회와 깊이 연결된 하나님의 몸 된 교회로서 그 사명을 다하고 있습니다. 교회는 "살과 피를 나누고 함께 만찬을 먹는 곳"입니다. 그곳은 단순히 예배와 설교만이 이루어지는 성전이 아니라, 성찬이 삶이 되는 장소로, 믿지 않는 사람들도 자유롭게 드나들며, 그들의 발걸음 속에서 교회의 생명력을 느낄 수 있는 열린 공간입니다.

시은소교회의 이러한 열린 태도는 때로는 어려움과 난처한 사건을 가져오기도 합니다. 보이스 피싱범이 교회 안에 숨어 경찰이 찾아오는 일이 있었고, 화장실에서 강아지를 목욕시키고, 정수기에서 물을 받아가는 사람들도 있었습니다. 일반적으로 교회의 공간을 보호하고 규제하는 것을 당연하게 여길 수 있지만, 시은소교회는 그 공간을 사람들에게 내어주었습니다. 이러한 개방성은 교회의 본질이 단지 담 안에 머무는 것이 아니라, 살과 피를 나누는 것이라는 믿음에서 비롯됩니다.

그리하여 교회는 세상 사람들에게 그 몸을 내어주고, 그들과 함께 삶을 나누는 공간이 되어가고 있습니다. 교회는 지역 사회의 문제를 외면하지 않고, 그들과 함께 삶을 공유하며 그들의 필요를 채워주어야 합니다. 그렇기에 주차장 개방 같은, 사소해 보일 수 있는 일조차, 하나님의 사랑을 실천하는 방식으로 이어지고 있습니다. 이와 같은 개방의 정신은 주차장에서 그치지 않았습니다.

광교 센트럴 뮤직 페스티벌: 음악과 복음의 만남

시은소교회는 지역 사회와의 소통을 위해 끊임없이 새로운 방식을 모색해 왔습니다. 그중에서도 가장 눈에 띄는 사역 중 하나는 광교 센트럴 뮤직 페스티벌입니다. 이 페스티벌은 단순한 음악 행사가 아니라, 음악을 통해 지역 주민들과 교회가 하나로 어우러지는 특별한 경험을 제공하며, 교회와 지역 사회 간의 벽을 허물어주는 중요한 역할을 했습니다.

음악은 단순한 오락의 도구가 아닙니다. 음악은 인간의 감정을 움직이고, 복음의 메시지를 깊이 전달할 수 있는 강력한 도구로 사용될 수 있습니다. 시은소교회는 이러한 음악의 힘을 인지하고, 이를 통해 지역 주민들에게 다가가기 위한 새로운 방식을 도입했습니다. 광교 센트럴 뮤직 페스티벌은 복음과 음악이 만나는 접점에서 지역 사회에 자연스럽게 복음의 메시지를 전달하는 중요한 통로로 자리 잡았습니다.

광교 센트럴 뮤직 페스티벌은 수원시와의 협력을 통해 탄생했습니다. 이는 단순한 음악 행사가 아니라, 지역 주민들이 자연스럽게 교회와 연결되고, 교회를 통해 하나님의 사랑을 경험할 수 있도록 돕는 교회의 중요한 사역 중 하나입니다. 저는 "사람들의 마음을 열기 위해서는 음악만큼 좋은 도구가 없다"라는 믿음을 가지고 이 페스티벌을 기획하였고, 그 결과 지역 주민들이 더 가까이 다가갈 수 있는 열린 공간으로 교회를 변화시키는 계기가 되었습니다.

페스티벌은 그 자체로 복음 전파의 새로운 장을 열었습니다. 사람들은 교회에 들어가기 꺼리거나 종교적인 부담감을 느낄 때가 많습니다. 하지만, 이 페스티벌을 통해 그러한 장벽을 허물고, 자연스럽게 사람들에게 다가가 교회와의 관계를 맺을 수 있게 했습니다. 음악이라는 감성적인 매개체를 통해 사람들은 경계 없이 교회에 발을 들여놓았고, 그곳에서 복음의 메시지를 들을 기회를 얻었습니다. 이는 교회가 복음 전파를 위해 새로운 접근 방식을 찾고, 그것을 효과적으로 실천한 좋은 예라 할 수 있습니다.

단순히 즐거움을 주기 위한 음악 행사가 아닌, 그 안에 담긴 복음의 메시지가 사람들의 마음속에 깊이 스며들도록 하는 것을 목표로 삼았습니다. 음악은 그 자체로 사람들의 마음을 열어주었고, 그들이 복음에 마음을 기울일 수 있는 통로가 되었습니다.

교회는 이 페스티벌을 통해 지역 주민들과 함께 어우러지는 공동체의 모습을 보여주었고, 그 안에서 하나님 나라의 사랑을 나누는 일을 실천했습니다. 페스티벌은 단순히 교회의 일방적인 행사가 아니었습니다. 교회와 지역 주민들이 함께 만들어가는 축제로, 서로가 함께 기뻐하고, 함께 교감하며, 그 안에서 하나님의 사랑을 나누는 장이 되었으며 지역 주민들은 이 행사를 통해 교회를 더 친근하게 느끼게 되었고, 특히, 이 페스티벌은 단순한 일회성 행사가 아니라, 교회와 지역 사회가 함께하는 지속 가능한 축제로 자리 잡았습니다. 이를 통해 교회는 지역 주민들에게 복음을 전하는 동시에, 그들과 더 깊은 유대감을 형성할 수 있었습니다.

또한, 페스티벌은 성도들에게도 큰 의미를 주었습니다. 성도들은 음악을 통해 하나님을 찬양하고, 그 안에서 하나님의 사랑을 나누는 기쁨을 경험했습니다. 이는 그들이 신앙생활 속에서 더욱 충성이 복음을 실천할 수 있도록 도와주는 중요한 경험이 되었습니다. 그리고 복음과 현대 문화가 만나는 중요한 접점이 되었습니다. 현대 사회에서 복음은 때때로 고립된 채로 전파되거나, 사람들의 일상 속으로 스며들지 못할 때가 많습니다. 하지만, 이 페스티벌은 그러한 고립을 넘어, 현대 문화 속에서 복음이 어떻게 살아 움직일 수 있는지를 보여주는 좋은 예가 되었습니다. 페스티벌은 음악이라는 현대 문화의 중요한 요소를 활용해, 사람들의 일상 속으로 복음을 스며들게 했고, 그 안에서 자연스럽게 하나님의 사랑을 전하는 역할을 했습니다.

제자 훈련의 관하여

시은소교회 제자 훈련의 차별성

시은소교회에서 제자 훈련은 성도들의 신앙생활을 세우는 사역 중 가장 중요한 사역으로 자리 잡고 있습니다. 단순히 성경이나 교리를 배우는 것에서 그치는 것이 아니라, 성도들이 그리스도의 제자로서 정체성을 확립하고, 하나님의 말씀을 실천하며, 성숙한 신앙인으로 성장해 나가는 과정을 체계적으로 돕는 훈련입니다. 이 훈련은 단순한 교육이 아닌, 성도들의 삶을 근본적으로 변화시키고, 영적 성장을 촉진하는 구체적인 훈련 과정으로 이루어져 있습니다.

시은소교회의 제자 훈련의 목적과 비전은 성도들이 그리스도의 제자로서의 삶을 살아가도록 돕는 데 있습니다. 예수님께서 제자들에게 명하신 것처럼, 진정한 제자로서의 삶을 살아가는 것이 훈련의 핵심입니다. 시은소교회에서는 제자 훈련이 그리스도인으로서의 정체성과 사명을 확립하는 데 매우 중요한 역할을 한다고 믿고 있습니다. 제자 훈련은 시은소교회의 상황과 성도들의 신앙 정도에 맞는 훈련 교재와 커리큘럼을 개발하여 맞춤형으로 실행하고 있습니다. 단순히 교회 내에서 활동적인 성도가 되는 것을 목표로 하지 않으며, 오히려 성도들이 세상 속에서 길잡이의 역할을 감당하고, 일상생활 속에서도 신앙을 실천하며 하나님의 뜻을 이루어 가는 삶을 살아가게 하는 것을 목표로 하고 있습니다.

이러한 비전 아래, 제자 훈련은 성도들이 신앙적인 깊이를 더하고, 그 신앙을 실제 삶 속에서 구현할 수 있도록 체계적인 과정을 제공합니다. 신앙의 뿌리가 단단히 자리 잡을 때, 비로소 폭풍 속에서도 흔들리지 않는 나무처럼 성도들은 믿음 위에 굳건히 설 수 있게 됩니다. 시은소교회의 제자 훈련은 바로 그런 굳건한 신앙인을 길러내는 데 주력하고 있습니다.

제자 훈련 과정은 20주 동안 진행되며, 입학 예배와 수료 예배를 포함하여 전반적으로 체계적인 훈련으로 구성되어 있습니다. 제자 훈련의 전반적인 목표는 성도들이 신앙의 기초를 확립하고, 신앙과 삶의 일치를 이루는 것입니다. 이 과정은 크게 네 부분으로 나뉘어 있으며, 각각 신앙의 기초, 성경적 교리, 삶의 변화, 사역의 준비에 초점을 맞추고 있습니다. 과정마다 성도들이 개인적인 신앙을 점검하고, 신앙의 깊이를 더해 나갈 수 있도록 도우며, 이를 통해 성도들이 영적 성숙을 경험할 수 있도록 안내합니다.

입학 예배 및 오리엔테이션

훈련은 입학 예배와 오리엔테이션으로 시작됩니다. 입학 예배에서는 하나님 앞에서 새로운 여정을 시작하는 각오를 다지며, 훈련의 비전과 목표를 공유합니다. 오리엔테이션은 훈련 기간의 일정과 주요 내용이 설명되며, 성도들이 훈련에 대한 기대와 준비를 하도록 돕습니다. 이는 마치 미지의 항해를 앞둔 선원들이 목표를 확고히 하고 나아가는 것과 같은 의미를 갖습니다. 성도들은 이 과정에서 훈련에 임하는 각오를 다지고, 자신을 스스로 하나님께 온전히 내어드리는 결단을 하게 됩니다.

워밍업 과정 (MT와 기초 다지기)

훈련 초기에는 MT(멤버십 트레이닝)가 이루어지며, 이를 통해 성도 간의 유대감을 강화하고, 서로의 신앙적 배경을 나누는 시간을 갖습니다. 이 시간은 단순한 지식 전달에 그치지 않고 공동체적 삶을 경험하는 중요한 순간입니다. 신앙 간증을 나누고 서로의 삶을 이해하는 과정은 공동체를 하나로 묶는 실타래가 되어줍니다. 이를 통해 훈련에 임하는 성도 간의 신뢰와 결속을 다지며, 서로를 격려하고 지지할 수 있는 기초를 마련합니다. 이러한 유대는 앞으로의 훈련 과정에서 서로에게 힘이 되고, 영적 성장의 밑거름이 됩니다. 또한 3주 동안의 기초 다지기 시간을 통해 하나님의 말씀인 성경의 권위와 중요성을 재확인하고, 바른 기도를 배우고 실천하며, 날마다의 경건 생활을 확립하는 기본기를 익히고 교리의 과정으로 이어갑니다.

기초적인 성경 교리 교육 (7주)

말씀과 기도 생활을 통해 하나님과의 관계를 정립한 훈련생들에게 있어, 제자 훈련의 첫 번째 핵심 과정은 성경적 기초 교리 교육입니다. 7주 동안 진행되는 이 과정에서 성도들은 하나님, 예수 그리스도, 성령, 인간, 구원, 믿음, 종말에 관한 핵심 교리를 배우며, 성경적 신앙의 기초를 다집니다. 성도들은 이 과정을 통해 하나님에 대한 깊은 이해를 얻게 되며, 신앙이 단순한 감정에 그치지 않고, 진리 위에 뿌리내릴 수 있도록 돕습니다. 이러한 교리 교육을 통해 성도들은 영적인 토양이 풍부해지고, 말씀을 향한 굳건한 확신을 가질 수 있게 됩니다.

삶 속에서의 신앙 적용 (7주)

성경 교리 교육 이후에는 성도들의 삶과 신앙을 통합하는 과정이 진행됩니다. 여기서 다루는 주제는 예배, 기도, 경건 생활, 가정과 언어생활, 직장과 사회에서의 신앙생활 등 일상에서의 신앙 적용입니다. 성도들은 배운 교리를 단순한 지식으로 남기지 않고 자신의 일상에서 어떻게 하나님의 말씀을 실천할 수 있을지를 배우며, 구체적인 행동으로 옮깁니다. 이 과정을 통해 신앙은 더 이상 교회 내에서의 활동에만 머물지 않고, 성도들의 일상에서 세상의 누룩 역할을 하는 삶으로 확장됩니다. 매일의 삶이 예배가 되고, 삶의 모든 순간이 하나님과 동행하는 경건의 시간이 되는 것이 이 훈련의 목표입니다.

제자의 삶과 사역 준비

제자 훈련의 마지막 과정은 제자로서의 삶과 사역에 대한 준비를 다룹니다. 성도들은 자기 삶 속에서 하나님의 주권과 주재권을 인식하고, 그리스도의 제자로서 살아가는 삶의 자세를 배우게 됩니다. 이 과정은 단지 지식을 쌓는 것을 넘어, 각자가 자기 삶의 모든 부분에서 하나님께 영광을 돌리는 법을 배우는 시간입니다. 훈련의 마지막에는 사역의 준비와 소명에 대해 다루며, 성도들이 교회 내외에서 봉사하고, 리더로서 해야 할 역할을 감당할 수 있도록 돕습니다. 이를 통해 성도들은 교회의 각종 사역에 기여하고, 하나님의 나라를 확장하는 데 중요한 도구로 쓰임 받을 준비를 마칩니다.

훈련 중에는 단순히 강의를 듣는 것에서 그치지 않고, 다양한 나눔과 과제를 통해 자신의 신앙을 구체적으로 실천할 수 있는 기회를 얻게 됩니다. 이 과제들은 성경을 읽고 묵상하는 과제에서부터 시작하여, 실생활에서 구체적으로 적용할 수 있는 행동을 요구하는 과제까지 다양합니다. 이를 통해 성도들은 신앙이 단순한 지식이 아니라, 매일의 삶 속에서 살아 움직이는 실제적 경험임을 깨닫게 됩니다.

주차마다 서로의 삶과 신앙을 나누는 시간을 통해, 성도들은 단순히 성경적 지식을 쌓는 것을 넘어서 자신의 신앙과 삶을 진솔하게 나누며 서로의 영적 성장을 돕는 동반자가 됩니다. 이러한 나눔의 과정을 통해 성도들은 서로를 더욱 깊이 이해하고, 영적 결속을 다져갑니다. 서로의 손을 맞잡고 어려운 길을 함께 걷는 동행자처럼, 제자 훈련을 통해 성도들은 신앙 공동체의 참된 의미를 경험하게 됩니다.

제자 훈련을 통해 성도들은 신앙적 성숙을 경험하며, 교회 내에서 다양한 리더십 역할을 맡게 됩니다. 소그룹 리더, 다락방 리더, 교회 내 교육 사역 등에서 영적 지도자로 활동하게 됩니다. 훈련은 단순히 개인의 영적 성장을 위한 것이 아니라, 성도들이 교회의 공동체적 사역에 헌신하고, 하나님의 나라 확장을 위해 함께 노력하는 일꾼으로 세워지는 데 중요한 역할을 합니다. 제자 훈련을 수료한 성도들은 다양한 교회 사역 가운데 리더로서 활동하며, 그들의 경험과 배움을 바탕으로 다른 성도들의 신앙 성장에 기여하게 됩니다. 이러한 활동은 단순한 프로그램을 넘어 교회의 성장과 영적 부흥에 크게 기여합니다.

맞춤형 커리큘럼과 훈련 교재

대부분 교회에서 제자 훈련 프로그램은 사랑의교회, 국제 제자훈련원 등에서 발행된 교재를 사용해 진행합니다. 이는 검증된 교재의 장점을 살릴 수 있지만, 각 성도들의 상황이나 신앙 상태와 맞지 않을 수 있는 한계를 가집니다.

시은소교회는 이러한 문제를 해결하기 위해 교회의 현실과 성도들의 신앙 상태에 맞춘 맞춤형 커리큘럼과 교재를 자체 개발하여 사용하며 기존 교재에서 발견할 수 없던 시은소교회의 특성과 성도의 눈높이에 맞춘 내용으로 구성되어 있어, 전통적인 교회의 형편에 부합하는 실질적인 훈련을 제공합니다. 이 교재는 강북구, 성북구, 성동구, 동탄, 김포, 토론토 등 다양한 지역의 다른 교회에서도 사용될 정도로 그 유용성이 인정받고 있습니다. 이는 제가 경험한 제자 훈련에 대한 철학과 열정 담고 싶은 마음입니다.

또한 시은소교회는 제자 훈련의 전 단계인 새가족 교육, 일대일 양육 과정, 다락방 교재 역시 자체적으로 개발하여 성도들의 영적 성장을 위한 사역에 매진하고 있습니다. 교회의 설교 중심적 전통에서 벗어나 성경 말씀을 내면화하고, 성도 간의 진솔한 나눔을 통해 함께 성장하는 문화를 조성하고 있습니다.

삶을 내면화하는 구체적인 훈련과 과제

시은소교회의 제자 훈련에서 가장 인상적인 부분 중 하나는 삶을 내면화하기 위한 구체적인 훈련과 과제입니다. 훈련생 모두는 제자 훈련 초기에 매일 시간을 정리하는 '시간표 과제'를 수행하며 처음에는 당황합니다. 평소 계획 없이 생활하던 습관을 바꾸는 것이 쉽지 않기 때문입니다. 하지만 훈련을 통해 자신의 하루를 하나님께 드리는 마음으로 정리하면서 점차 하루하루를 성실하게 살게 되었고, 신앙의 중요한 가치들을 더 깊이 내면화할 수 있습니다.

또한, '기도의 골방 만들기' 과제를 하며 처음에는 집 안에 따로 기도할 공간을 마련하는 일이 번거롭게 느껴졌으나 결국 방 한쪽에 조그마한 기도 공간을 만들고 그곳에서 매일 기도하는 습관을 들이면서, 하나님과 깊은 대화를 나누는 시간이 자신에게 얼마나 소중한지 깨닫게 됩니다. 기도 공간의 사진을 제자 반 카톡방에 올리면서 다른 성도들로부터 응원과 격려를 받고 이 과정을 통해 기도가 단순한 종교적 행위가 아닌 하나님과의 진실한 교제임을 체험하게 됩니다.

이 과제를 통해 한 훈련생은 자기 가족과의 관계를 개선하기 위해 실천했던 '칭찬하기' 과제도 인상적이었습니다. 하루에 두 번 자기 아내에게 칭찬하는 과제를 받았을 때 처음엔 어색했다고 합니다. 하지만 그는 아내에게 작은 것에도 진심 어린 칭찬을 건네기 시작했고, 그 결과 아내와의 관계가 점차 좋아지는 것을 느꼈습니다. 아내의 반응을 기록하면서 칭찬의 힘과 그로 인한 관계의 변화를 체험했습니다. 이는 그의 신앙생활에도 큰 변화를 불러왔으며, 그리스도의 사랑을 실천하는 작은 행동들이 어떻게 일상에서 큰 변화를 불러올 수 있는지 깨닫게 되었습니다.

또 다른 과제로는 제자반 훈련생들은 서로에게 감사 카드와 선물을 준비하고, 수료 예배를 앞두고 후원자들에게 감사 메시지를 전합니다. 이러한 활동을 통해 성도들은 단순히 지식을 배우는 것을 넘어, 실제로 감사의 마음을 표현하고 공동체적 유대감을 강화할 수 있었습니다. 이들은 이러한 과제를 통해 사랑과 나눔의 실천이 신앙의 본질임을 배웠습니다.

훈련생들은 또한 양화진 선교사 묘원이나 제암리 3.1 운동 순국기념관 그리고 한국 기독교 순교자 기념관 등을 방문하며 신앙 선배들의 발자취를 따라갑니다. 이러한 방문 활동은 성도들에게 신앙의 깊이를 더하고, 그들의 삶에 대한 새로운 시각을 제공하는 귀중한 경험이 되었습니다.

이러한 모든 과제는 성도들이 신앙을 단순한 지식으로만 배우는 것이 아닌, 실제 삶 속에서 변화를 경험하도록 돕는 데 큰 역할을 합니다. 신앙 일기와 생활 숙제를 통해 성도들은 자신이 매일의 삶 속에서 하나님과 어떻게 동행하고 있는지를 점검하며, 그 과정을 통해 점점 더 그리스도의 형상을 닮아가게 됩니다.

인격의 성숙을 이끄는 훈련

시은소교회의 제자 훈련은 성도들의 가치관과 삶의 변화를 끌어 내는 데 중점을 둡니다. 훈련을 통해 성도들은 처음에는 부담스럽게 여겼던 다양한 과제들이 신앙 인격의 성장과 성숙을 위한 필수 요소임을 깨닫고, 자발적으로 훈련에 임하게 되었습니다. 이러한 변화는 교회 분위기를 긍정적으로 바꾸고 있으며, 이제 성도들은 제자 훈련에 대해 스스로 전도하고 다른 지체들에 권유하는 적극적인 자세를 보입니다.

또한 제자 훈련을 통해 얻은 열매는 청년부와 청소년 부서로까지 이어지고 있어, 장년부의 훈련 사역이 교회 전체에 선한 영향력을 미치고 있음을 확인할 수 있습니다. 성경을 지식적으로 배우는 것이 아니라, 실제 삶의 변화와 인격의 성숙을 이끄는 훈련을 통해 성도들은 서로의 변화된 모습을 확인하고, 서로를 격려하는 아름다운 공동체로 성장해 나가고 있습니다.

자발적 참여와 지속적인 성장

제자 훈련을 통해 시은소교회의 성도들은 점점 더 자발적으로 신앙 훈련에 참여하고 있습니다. 초기에는 의무감이나 권유로 훈련에 참여했던 성도들이 이제는 신앙 성장을 위해 스스로 제자 훈련에 참여하는 모습으로 변화하고 있습니다. 이들은 훈련을 통해 성경의 지식을 단순히 습득하는 것을 넘어, 자기 삶에 그 말씀을 적용하며 실제적인 변화를 경험하고 있습니다. 이러한 변화는 교회의 분위기를 전반적으로, 긍정적으로 바꾸고 있으며, 훈련에 참여한 성도들은 신앙적 성숙을 이룬 후 적극적으로 교회의 여러 사역에 참여하고 있습니다.

또한, 이러한 제자 훈련과 사역 훈련을 통해 얻은 변화는 개인의 신앙 성숙에 그치지 않고, 성도들이 리더로 성장하며 교회의 사역을 이끌어가는 중요한 동력이 되고 있습니다. 청년부와 청소년부는 물론, 새 가족부와 다락방 모임 등 교회의 각종 사역에서 제자 훈련을 받은 성도들이 리더십을 발휘하며, 교회의 전반적인 성장과 영적 부흥에 기여하고 있습니다.

사역 훈련

시은소교회의 사역 훈련은 성도들이 제자로서의 정체성을 확립한 이후, 실제적인 사역의 현장에서 봉사하고 특별히 다락방 리더의 역할을 감당할 수 있도록 돕는 중요한 과정입니다. 이는 단순히 봉사자를 준비시키는 과정에 그치지 않습니다. 사역 훈련은 성도들이 하나님의 교회 안에서 그리스도의 몸을 세우는 중요한 구실을 하도록 인도하는 훈련입니다. 제자 훈련의 연장선상에서 이어지는 이 과정은 교회의 비전과 사명을 성취하는 데 필요한 리더들을 양성하는 데 깊이 초점을 두고 있습니다. 시은소교회는 이 훈련을 통해 성도들이 각자 받은 은사를 발굴하고, 그 은사를 바탕으로 하나님께서 주신 사명을 따라 섬기는 삶을 살아가도록 돕습니다. 제자 훈련이 성도의 영적 성숙을 목표로 했다면, 사역 훈련은 성숙한 성도들이 교회 내외에서 봉사와 리더십을 발휘하는 평신도 지도자를 세우는 것을 목표로 합니다. 시은소교회는 이 훈련을 통해 성도들이 자신에게 주어진 은사를 발견하고, 그 은사를 통해 하나님의 교회를 섬기는 사역자로 세워지도록 돕고자 합니다. 이것은 하나님께서 주신 씨앗이 각자의 은사 속에 뿌리를 내리고 열매를 맺듯, 성도들이 각자의 소명을 향해 나아가기를 소망하며 하나님과 깊은 관계 속에서 자신을 발견하고, 그분의 계획하심. 속에서 살아가는 진정한 삶의 여정을 열어줍니다.

사역 훈련 과정은 10주 동안 진행되며, 성도들은 이 과정을 통해 교회의 다양한 사역에서 봉사하고 헌신할 준비를 하게 됩니다. 훈련은 입학 예배와 오리엔테이션으로 시작되며, 이 시간 동안 사역의 비전과 목표를 나누고 성도들이 훈련에 임하는 마음가짐을 새롭게 합니다. 이는 먼 길을 떠나기 전 마음을 단단히 가다듬고, 자신이 걸어갈 길을 준비하는 순례자와도 같습니다. 각 성도는 이 과정을 통해 자신의 소명을 다시금 확인하고, 하나님께 드릴 봉사의 기쁨을 마음에 담습니다. 이 과정에서 성도들은 자신의 헌신이 교회의 성장과 하나님의 나라 확장에 어떤 중요한 역할을 하는지 깨닫게 됩니다. 이는 단순한 봉사 활동의 의미를 넘어서, 하나님 나라의 비전을 위한 실습을 합니다.

워밍업 과정 (MT)

훈련의 초반부에는 MT(멤버십 트레이닝)를 통해 성도 간의 유대감을 강화하는 시간을 갖습니다. 성도들은 서로 시은소교회에서 경험한 신앙을 나누며, 자신이 속한 공동체의 일원 역할을 새롭게 자각하게 됩니다. 이 시간 동안 훈련생들은 신앙의 여정에서 서로를 지지하고 동역자로서 힘을 얻습니다. 특히 소그룹 활동을 통해 형성된 유대감은 이후 훈련 기간 동안 서로에게 든든한 지지대가 되어 줍니다. 그렇기에 이 시간은 중요한 의미를 지닙니다. 훈련생들은 서로의 이야기를 통해 하나님께서 각자의 삶에서 일하시는 방식에 대해 배우고, 시은소교회에서 신앙이 개인의 영역을 넘어 공동체 속에서 꽃피우는 것임을 깨닫게 됩니다.

교회와 하나님 나라 이해 (3주)

사역 훈련의 첫 번째 단계는 교회론과 하나님 나라에 대한 이해를 심화시키는 과정입니다. 성도들은 교회의 본질과 목적을 배우며, 하나님의 나라를 세우는 사역의 중요성을 되새기게 됩니다. 교회는 단순한 사람들의 모임이 아닙니다. 그것은 하나님의 거룩한 공동체로서, 그분의 뜻을 이루기 위해 세워진 몸입니다. 이를 깨달을 때, 성도들은 자신이 그 공동체의 중요한 구성원임을 자각하게 됩니다. 자기 삶 속에서 그 공동체의 목적을 이루기 위해 어떠한 역할을 감당할 수 있을지 깊이 고민하게 되며, 교회란 단지 모이는 장소가 아닌, 하나님 나라를 이 땅 위에 이루어가는 도구임을 깨달음으로써 성도들은 자신의 삶을 하나님의 계획에 맞추어 살아가게 됩니다.

리더십 훈련 (3주)

사역 훈련의 두 번째 과정은 리더십 훈련입니다. 교회 안에서 성도들이 리더의 역할을 감당하기 위해서는 성경적 리더십이 무엇인지, 그리고 이를 어떻게 실천할 것인지에 대한 깊은 이해가 필요합니다. 이 과정에서는 그리스도의 성품을 닮은 지도자가 되기 위해 필요한 덕목들을 배우게 됩니다. 또한, 소그룹을 인도하고 이끌어가는 구체적인 방법을 학습하며, 실제로 리더의 역할을 효과적으로 수행하기 위해 실습을 합니다. 리더십은 타인을 이끄는 것이 아니라, 섬기는 자리에서 시작됩니다. 그래서 이 과정은 지도자가 되려는 사람에게 그리스도의 사랑과 겸손함을 마음에 새기는 중요한 기회가 됩니다. 성도들은 리더십이란 단순히 권위를 행사하는 것이 아닌, 먼저 낮아지고 섬김으로써 다른 이들에게 본을 보이는 것임을 배웁니다. 이러한 과정은 성도들이 소그룹에서, 그리고 가정과 직장에서도 그리스도의 본을 따라 섬기는 자로 살아가도록 돕습니다.

소그룹 사역과 다락방 리더의 역할 (4주)

사역 훈련의 마지막 단계는 소그룹 사역과 리더의 역할을 배우는 과정입니다. 다락방은 시은소교회의 심장과도 같은 중요한 사역입니다. 성도들이 서로의 삶을 나누고, 신앙을 함께 실천하며 성장하는 작은 교회의 역할을 감당하는 곳이 바로 다락방입니다. 훈련생들은 다락방 순장으로서 소그룹을 어떻게 이끌고, 성도들의 영적 성장을 도울 것인지에 대해 정립하며, 소그룹 내에서 신앙 나눔과 성도 간의 결속 강화를 이룰 수 있는 구체적인 방법을 배웁니다. 다락방 훈련은 작은 불꽃과 같아서, 성도들 각자의 삶을 비추고, 그 불꽃들이 모여 큰 빛이 되는 공동체를 이루게 합니다. 여기서 리더들은 성도들이 신앙적으로 성장할 수 있는 환경을 조성하고, 그리스도의 사랑 안에서 서로를 돌보는 임무를 합니다. 다락방에서 나누는 간증과 기도는 각자의 영혼을 새롭게 하고, 성도들이 하나님의 인도하심을 구체적으로 체험하는 통로가 됩니다.

소그룹 리더로서 중요한 것은 성도들의 영혼을 돌보고, 그들이 신앙 안에서 성장할 수 있도록 인도하는 것입니다. 이를 위해 리더들은 소그룹 내에서 발생할 수 있는 다양한 상황에 대처하는 방법을 배우며, 성도들에게 용기와 격려를 제공하는 역할을 맡게 됩니다. 그 모습은 길을 잃고 방황하는 자에게 길을 비추어주는 등불과도 같습니다. 리더는 그리스도의 사랑을 실제로 실천하며, 성도들과 함께 성장하는 신앙 여정을 걸어가게 됩니다. 리더십은 지시하는 것이 아닌, 함께 걷고 손을 잡아주고 섬기는 것임을 배우게 되는 것입니다. 이 과정에서 성도들은 서로의 짐을 나누고, 어려움 속에서도 하나님의 손길을 체험하며 진정한 영적 공동체의 의미를 깊이 느끼게 됩니다.

사역 훈련의 열매와 교회 성장

사역 훈련을 마친 성도들은 교회 내외에서 다양한 사역 현장에서 중요한 역할을 감당하게 됩니다. 특히 다락방 리더로서 소그룹을 이끌며, 다른 성도들이 신앙적으로 성장할 수 있도록 돕는 일에 헌신합니다. 이러한 리더들의 헌신은 교회 성장의 핵심 요소로 작용하며, 교회 공동체의 깊은 영적 결속과 성장을 끌어냅니다. 리더들은 자신들의 경험과 배움을 바탕으로, 하나님의 나라를 확장하는 일에 앞장서게 됩니다. 그들이 맡은 사역은 단순한 봉사가 아니라, 하나님의 영광을 세상에 드러내는 중요한 일이 됩니다. 각 리더의 작은 섬김이 모여 큰 물결을 이루고, 그 물결이 세상 속으로 퍼져 나가며 하나님의 사랑을 전하게 됩니다.

사역 훈련을 받은 성도들은 단순히 자신이 봉사자로 머무는 것을 넘어서, 교회의 비전과 사명을 이끌어가는 핵심 리더로 성장하게 됩니다. 이들은 소그룹 내에서 성도들을 돌보고, 신앙의 본질을 나누며, 교회의 다양한 부서에서 봉사와 헌신을 실천하는 중요한 일꾼으로서 활동합니다. 이를 통해 교회는 점점 더 많은 리더를 배출하게 되며, 그 결과로 하나님의 나라가 더욱 확장되고, 교회는 깊이 있는 영적 부흥을 이루게 됩니다. 강가에 심긴 나무가 뿌리를 내리고 가지를 뻗어 그

늘을 만드는 것처럼, 성도들의 헌신은 교회를 더욱 풍성하게 합니다. 교회 내에서뿐만 아니라, 각 성도의 가정과 사회 속에서도 이러한 변화는 점차 확산하여, 하나님의 사랑이 세상을 변혁시키는 힘으로 작용하게 됩니다.

사역 훈련의 열매는 단순한 프로그램을 넘어 교회의 전반적인 성장과 영적 성숙에 기여합니다. 이를 통해 시은소교회의 성도들은 모두가 하나님의 부르심에 응답하는 제자로, 그리스도의 몸을 세우는 도구로 나아가게 됩니다. 이 여정을 통해, 시은소교회는 성도들이 자발적으로 신앙을 실천하고, 하나님 나라의 확장을 위해 온전히 헌신하는 공동체로 자리매김하고 있습니다. 그리스도 안에서 모든 성도가 하나가 되어, 하나님께서 주신 비전을 이루기 위해 한마음으로 나아가는 그 아름다운 모습이 바로 시은소교회의 꿈입니다. 이는 단순한 목표가 아니라, 모든 성도가 매일의 삶 속에서 살아내야 할 소명입니다.

사역 훈련을 마친 후에도 성도들은 계속해서 자신들의 리더십을 발전시키며, 교회 내 사역을 지속해서 강화하기 위한 재교육과 실천적인 적용의 기회를 얻습니다. 시은소교회는 매년 사역 훈련을 통해 양성된 리더들이 교회 내에서 지속해서 사역을 감당할 수 있도록 돕고 있으며, 이를 통해 교회의 각 사역이 더욱 단단하고 견고한 기반 위에서 이루어지도록 하고 있습니다. 이는 단지 현재의 리더를 양성하는 데 그치지 않고, 다음 세대까지 이어질 리더십을 세우는 중요한 과정입니다. 시은소교회는 이러한 재교육 과정을 통해 각 성도가 자신의 신앙과 사역을 더욱 깊이 있게 발전시키고, 하나님 나라를 위해 헌신하는 지속적인 열정을 유지하도록 돕고 있습니다.

이처럼 시은소교회의 제자 훈련과 사역 훈련은 성도들이 신앙적 깊이를 더해가는 과정에서 하나님과의 바른 관계를 맺고, 이 관계를 통해 세상 속에서 그리스도의 제자로 살아갈 수 있는 능력을 키우도록 돕고 있습니다. 단순히 성경 공부에 그치는 것이 아니라, 삶 전체를 하나님께 드리는 헌신의 길로 나아가게 하는 여정입니다. 시은소교회는 이러한 훈련을 통해 성도들이 신앙의 열매를 맺고, 교회의 몸을 세우며, 하나님의 나라를 확장해 나가는 일에 쓰임 받는 귀한 일꾼으로 자라나기를 소망합니다. 각 성도의 삶이 하나님의 사랑으로 채워지고, 그 사랑이 세상 속에서 열매 맺기를 기도하며, 모든 성도가 그리스도의 제자로서의 삶을 온전히 살아가기를 기대합니다. 이는 시은소교회가 걸어가고자 하는 길이며, 모든 성도가 그 여정에 함께하기를 간절히 소망하는 길입니다.

시은소교회의 리더십

시은소교회의 제자 훈련, 사역 훈련, 일대일 양육 등의 다양한 훈련을 통해 교회를 비롯한 자신이 소속된 모든 곳에서 리더로써의 역할을 감당하길 바랍니다. 그것이 세상에서 그리스도인의 의무이며 세상을 움직이는 하나님의 도구로 사용되는 것입니다. 먼저 시은소교회의 리더십은 공동체의 비전을 구체화하기 위해 진심으로 노력하고 있습니다. 서로 다른 배경과 경험을 가진 리더들이 한데 모여 각자의 장점을 더욱 빛내고 약점을 보완하며 하나가 되어 교회를 이끌어 갑니다. 이에 따라 시은소교회는 각 구성원이 자신의 역할을 충실히 수행하고, 하나님의 뜻을 실현하기 위해 협력하는 건강한 공동체로 성장해 나가고 있습니다. 이러한 리더십은 단순한 상명하달의 구조가 아니라, 서로를 존중하고 함께 성장하려는 의지에서 비롯됩니다. 서로의 의견을 경청하고, 하나님의 뜻을 추구하는 가운데 하나 된 모습을 유지하며, 그 안에서 성도들이 각자의 재능을 활용할 기회를 제공합니다.

신앙의 여정을 동행하는 리더

시은소교회의 리더들은 단순한 지식의 전달자가 아닙니다. 그들은 인생의 원리와 깊이를 이해하고, 그 깨달음을 교인들과 함께 나누며 실천에 옮기는 이들입니다. 우리는 리더가 단순히 기술적 능력이나 지식을 가진 것으로는 충분하지 않다는 것을 잘 알고 있습니다. 진정한 리더란 삶의 진리와 본질을 이해하며, 그것을 자기 삶 속에서 구현하여 본이 되는 사람입니다. 예를 들어, 시은소교회의 교사들은 성경의 말씀을 통해 영적 지혜를 습득하고, 이를 일상에서 실제로 적용함으로써 교인들이 하나님의 말씀을 살아내도록 돕습니다. 이러한 과정에서 교사들은 단순히 지식을 전하는 사람이 아니라, 신앙의 여정을 동행하는 동반자가 됩니다. 이들은 교인들과의 관계 속에서 그들의 고민과 어려움을 나누고, 삶의 의미를 찾도록 도와주는 안내자의 역할을 수행합니다.

시대의 도전에 응답하는 리더

시은소교회의 리더들은 선견자의 안목을 가지고 있습니다. 이들은 단순히 미래를 예측하는 것에 그치지 않고, 현재 상황과 시대적 흐름을 명확히 이해하며 하나님의 말씀을 어떻게 적용할지 고민합니다. 선견자의 역할은 급변하는 시대와 현실의 도전 속에서 어떻게 하나님의 뜻을 구체화할지 끊임없이 탐구하고 실천하는 것입니다. 예를 들어, 시은소교회의 리더들은 사회적 변화와 공동체 내의 어려움을 분석하고, 그 가운데 하나님의 말씀에 따라 어떻게 문제를 해결할 수 있을지를 고민합니다. 이에 따라 교회는 변화하는 시대 속에서도 하나님의 뜻을 좇고, 교인들에게 올바른 길을 제시하고자 노력합니다. 이러한 리더십을 통해 시은소교회는 오늘의 상황을 분별하고 그에 맞는 방향으로 나아가려고 합니다. 시대의 변화는 때로는 예기치 않은 위기와 기회를 함께 가져오지만, 시은소교회는 이러한 도전 속에서 하나님의 빛을 드러내는 데 중점을 둡니다.

시은소교회의 리더들은 이러한 사명을 수행하기 위해 구체적인 실천을 매우 중요시합니다. 이들은 하나님의 뜻을 시대의 흐름에 맞춰 교인들에게 명확히 전달하고, 교인들이 그 뜻에 따라 행동하도록 이끌어 줍니다. 예를 들어, 사회적 불의와 공동체 내 갈등의 상황에서 하나님의 정의와 사랑을 어떻게 실천해야 할지 깊이 고민하고, 교인들이 그 상황에서 어떤 행동을 해야 할지 가르칩니다. 이처럼 시은소교회의 리더들은 오늘날의 문제를 하나님의 시각으로 바라보고, 그 가르침을 교회와 사회 속에서 실천하기 위해 지속해서 도전하고 있습니다. 리더들은 교인들이 하나님께서 원하시는 방식으로 세상과 소통하고, 세상을 변화시키는 주체가 될 수 있도록 훈련합니다. 이에 따라 시은소교회는 그저 교회 울타리 안에 머무르지 않고, 세상 속에서 하나님의 사랑과 정의를 실천하는 공동체로 자리 잡고 있습니다.

시은소교회는 리더들이 자기 정체성을 확립하는 것을 매우 중요하게 생각합니다. 이들은 자신이 누구인지, 누구를 따라야 하며, 무엇을 목표로 삼아야 하는지를 분명히 이해하고 있습니다. 리더들은 금식과 예배를 통해 하나님과 깊은 관계를 맺고, 이를 통해 정체성과 삶의 목적을 확립하려고 합니다. 시은소교회의 리더들이 하나님께 집중하고, 그분의 인도를 구하며 진정한 정체성을 확립하려는 노력은 단순한 말로 그치는 것이 아니라, 실제 삶에서 나타나는 행동으로 드러나야 합니다. 예를 들어, 이들은 정기적으로 금식과 기도 모임을 가지며 하나님의 뜻을 묻고, 공동체를 위해 어떤 길을 걸어야 할지를 모색합니다. 이러한 영적 훈련은 단지 의무감에서 나오는 것이 아니라, 하나님과 깊은 교제를 갈망하며, 그분의 뜻에 따라 삶을 변화시키고자 하는 열망에서 비롯된 것입니다. 이로써 리더들은 자신이 누구인지, 무엇을 위해 살아가야 하는지를 명확히 하고, 교인들에게 진정한 모범이 됩니다.

시은소교회의 리더들은 하나님과의 관계 속에서 끊임없이 자신을 돌아보며 성장하려고 노력합니다. 성경은 하나님의 뜻을 깨닫고 그 뜻을 실천하는 것이 얼마나 중요한지를 가르칩니다. 리더들은 하나님과 깊은 교제를 통해 자신을 반성하고, 하나님의 뜻에 따라 변화되기를 갈망합니다. 금식과 기도는 단순한 신앙적 행위가 아니라, 리더들이 자신의 삶을 하나님께 온전히 맡기고 하나님의 계획을 묵상하며 실천하기 위한 과정입니다. 이러한 자기 정체성 확립 과정은 시은소교회 리더들이 영적으로 성숙해지고, 공동체를 이끄는 중요한 기반이 됩니다. 하나님과의 관계는 매일의 삶 속에서 새롭게 갱신되며, 리더들은 교인들에게 그 영적 여정의 모범을 보입니다. 리더들의 변화와 성장은 곧 교회의 변화와 성장을 끌어냅니다.

시은소교회의 리더들은 하나님의 인도하심을 분별하고 그것을 행동으로 옮기는 것을 매우 중요하게 여깁니다. 성령의 인도하심을 받을 때, 이들은 기도와 결단을 통해 하나님의 뜻을 공동체 안에서 실현하려고 합니다. 때로는 공동체가 하나님의 뜻을 따르기 위해 리더들이 개인적인 희생을 감수해야 할 때도 있지만, 그들은 그러한 결단을 통해 공동체의 성장과 하나님께 영광을 돌리는 길을 선택합니다. 예를 들어, 선교 활동이나 봉사 프로젝트와 같은 일들은 이러한 결단의 열매입니다. 리더들은 하나님께서 주신 비전을 따르고, 교인들과 함께 그 사명을 수행하면서 지역 사회에 하나님의 사랑을 전하기 위해 헌신합니다. 이러한 헌신은 교회 안에만 머무는 것이 아니라, 세상 속에서 예수 그리스도의 사랑과 빛을 드러내고자 하는 강한 열망에서 비롯되며 리더들의 행동은 곧 교회의 정신을 반영하며, 그들의 헌신적인 섬김은 교인들에게도 큰 영감을 줍니다.

성령의 인도하심에 대해 민감함은 시은소교회의 리더들에게 있어 매우 중요한 자질입니다. 이들은 자기 욕망이나 야망이 아닌, 하나님의 뜻을 분별하고 그 뜻에 순종하는 것을 가장 우선으로 삼습니다. 중요한 교회 결정을 내릴 때도 이들은 충분한 기도와 영적 분별을 통해 하나님의 인도하심을 구하고, 그에 따라 결정을 내립니다. 이러한 과정에서 때로는 개인적인 희생이나 불편함이 따를 수 있지만, 리더들은 하나님과 공동체를 위해 자신의 이익을 기꺼이 내려놓고 순종합니다. 이러한 결단은 교회와 공동체에 선한 영향을 미치며, 모든 구성원이 하나님의 뜻에 따라 성장하도록 돕는 원동력이 됩니다. 시은소교회의 리더들은 이러한 순종을 통해 자신을 낮추고, 하나님께서 그들을 통해 이루실 놀라운 계획을 신뢰합니다.

가족 같은 공동체

영적 성장과 공동체의 헌신

시은소교회가 지향하는 리더는 외적인 자질보다 내면의 가치관과 그것을 행동으로 드러내는 사람입니다. 우리는 모든 교인이 각자의 자리에서 선한 영향력을 미치는 리더로 성장하기를 희망합니다. 예수님을 본받아 그분의 길을 걷는 지도자가 되어, 시은소교회와 공동체가 하나님의 뜻을 이루는 데 기여할 수 있기를 간절히 바랍니다. 이를 위해 시은소교회는 다양한 교육 프로그램, 제자 훈련, 영성 강화 모임 등을 통해 리더들이 성장할 수 있는 환경을 마련하고 있습니다. 이 모든 노력은 교회가 모든 교인이 리더로 자라나 세상에 하나님의 사랑과 진리를 전하는 데 앞장서도록 하기 위함입니다. 이러한 과정에서 리더들은 공동체의 비전을 더욱 뚜렷이 하고, 그 비전을 성도들과 함께 공유하며, 하나님께서 원하시는 모습으로 세상을 변화시키기 위해 헌신합니다.

또한, 다양한 봉사 활동과 선교 프로젝트를 통해 교인들이 하나님의 사랑을 직접 실천할 수 있는 기회를 제공합니다. 이러한 모든 활동은 각 개인이 하나님께서 주신 사명에 따라 성장하고, 세상에 선한 영향력을 끼치는 리더로 세워지도록 하기 위한 것입니다. 이를 통해 시은소교회는 역사 속에서 하나님의 사랑을 전하는 공동체로서의 사명을 다하고자 합니다. 우리의 사명은 단순한 교회의 성장에 그치는 것이 아니라, 지역 사회와 세계 속에서 하나님의 사랑과 정의를 드러내는 데 있습니다. 이러한 사명을 이루기 위해 시은소교회의 모든 리더와 교인들은 지속해서 기도하고, 하나님의 뜻을 구하며, 그분의 사랑을 실천하기 위해 최선을 다하고 있습니다.

공동체 성장을 향한 여정

공동체를 이루어 가는 여정에 본이 되는 교회가 있습니다. 다시 강조하는 것이지만 우리가 성경에서 볼 수 있는 안디옥 교회입니다. 안디옥 교회의 아름다움 중 하나는 공동체적 성장을 지향하는 데 있었습니다. 그들은 단순히 수적인 확장만을 꿈꾸지 않았습니다. 교회의 성장이란, 한 사람 한 사람이 신앙적으로 깊어지고, 내면적으로 성숙해지는 그 과정을 함께 나누는 것이었습니다. 안디옥 교회는 서로를 세워주고 격려하며, 개인의 신앙적 성장이 전체 공동체의 성숙으로 이어지게 했습니다. 그들의 신앙의 길은 결코 혼자가 아니라, 서로의 기도와 믿음의 손길을 잡고 함께 걷는 여정이었습니다.

그들은 단순한 물질적 나눔을 넘어, 신앙과 영적인 격려로 서로를 성장시켰습니다. 그들의 신앙은 예배에 그치지 않고, 서로 진정한 마음을 나누며, 각자의 삶을 공유했습니다. 이런 나눔은 각 성도의 내면적 변화가 교회 전체의 성숙으로 이어지는 씨앗이 되었습니다. 안디옥 교회는 신앙적 성숙을 통해 내면적으로 더욱 강해졌고, 그것이 바로 깊이 있고 건강한 신앙 공동체로 나가는 원동력이 되었습니다. 그들의 공동체는 서로에 대한 신뢰와 헌신을 통해 더욱 단단해졌으며, 그 속에서 성도들은 더 큰 신앙의 도약을 경험할 수 있었습니다.

시은소교회의 하모니와 연대

시은소교회는 아름다운 하모니와 연대를 이루어내고 있는 공동체입니다. 다양한 배경과 성격을 가진 성도들이 하나님의 뜻 안에서 하나로 묶여 나가고 있습니다. 오늘날 현대 교회의 분열과 갈등 속에서, 시은소교회의 조화로운 모습은 중요한 본보기가 됩니다. 우리는 서로의 차이를 인정하고 하나님을 중심으로 하나가 됩니다. 지도자들이 먼저 하나님 앞에서 자신을 조율하기 때문에, 성도들 역시 자연스럽게 하나님의 뜻에 맞춰 오케스트라가 하나의 조화로운 곡을 연주하듯, 하나의 소리를 내고 있습니다. 시은소교회는 그렇게 하나로 연합하고 있습니다.

오늘날 교회 역시 모든 성도가 하나님의 기준을 공유하고 이를 실천할 수 있는 훈련이 필요합니다. 교회는 예배와 소그룹 모임을 통해 서로의 삶을 더 깊이 이해하고, 하나님 중심으로 모든 것을 조율할 수 있는 시간을 가지는 것이 중요합니다. 그렇게 할 때 우리 시은소교회는 아름다운 하모니처럼 세상 속에서 가치 있는 연결고리의 역할을 할 수 있을 것입니다. 또한 우리는 이러한 조화를 이루기 위해 개개인이 가진 다름을 인정하고 존중하는 문화를 확산시키며, 그 다름이 하나님의 큰 그림 속에서 어떻게 어우러질 수 있는지를 성도들에게 가르쳐야 합니다.

이러한 조화는 단순히 각 성도의 희생이나 헌신에서 나오는 것이 아닙니다. 그것은 하나님의 뜻에 따라 서로를 품고 이해하며, 연약함을 감싸 안아주는 사랑에서 시작됩니다. 시은소교회는 모든 성도가 자신의 독특한 역할과 위치에서 하나님의 사역에 기여할 수 있는 기회를 제공합니다. 각기 다른 배경과 은사를 가진 성도들이 서로 협력하고 격려하며 함께 나아갈 때, 우리는 하나님께서 의도하신 온전한 하모니를 만들어 갈 수 있습니다. 이처럼 연대와 조화를 이루어 가는 과정은 곧 하나님 나라를 향한 우리의 여정이며, 그 길 위에서 우리는 서로를 더욱 사랑하고 존중하게 될 것입니다.

예배의 진정성과 공동체적 삶

초대 예루살렘 교회는 예배드리고 떡을 떼며, 기도하고 하나님을 찬양하는 삶을 살았습니다. 이 모습은 예배를 통해 하나님과의 관계를 깊이 하고, 공동체가 서로의 삶을 나누며 유대감을 형성하는 중요한 방법이었습니다. 그들은 예배에서 멈추지 않고, 함께 식사하고 기도하며 서로를 위해 중보했습니다. 그들의 예배는 그들의 삶을 변화시켰으며, 예배는 단순한 형식이 아닌 삶 그 자체가 되었습니다. 오늘날 교회도 이러한 공동체적 삶을 지향해야 합니다. 우리는 정기적인 소그룹 모임과 가정 방문을 통해 서로의 필요와 기쁨을 나누는 기회를 마련해야 합니다. 이렇게 할 때, 교회는 단순히 예배드리는 장소가 아니라, 서로를 위해 존재하는 사랑의 공동체로 성장할 수 있을 것입니다.

이러한 공동체적 삶을 유지하기 위해서는 성도들 간의 지속적인 소통과 상호 이해가 필수적입니다. 우리는 단순히 예배 시간에 모이는 것에 그치지 않고, 각자의 일상에서 서로에게 관심을 기울이고, 기도와 중보를 통해 서로의 삶에 깊이 관여할 수 있어야 합니다. 각 가정이 작은 교회로서 역할을 하며, 성도들이 서로의 기쁨과 고난을 함께 나누는 그 순간, 교회는 더욱 생명력 있고 의미 있는 공동체로 성장하게 될 것입니다. 또한 우리는 예배 후에도 성도들이 서로 연결되고 지속적인 관계를 맺을 수 있도록 소통의 장을 마련하며, 함께 하는 활동을 통해 서로를 더욱 깊이 알아가는 시간을 만들려고 합니다.

하나님의 아버지

교회는 하나님을 아버지로 모신 가족 공동체입니다. 성도 간의 관계는 형식적인 만남을 넘어서, 서로를 깊이 이해하고 사랑으로 돌보는 가족 관계여야 합니다. 성도들이 가족처럼 서로를 돌보고 사랑하는 문화를 형성하기 위해, 교회는 친교 모임과 가정 방문과 같은 활동을 통해 성도 간의 유대감을 강화해야 합니다. 목회자와 리더들이 성도들의 삶에 진정한 관심을 기울이며 그들의 필요와 어려움을 함께 나눌 때, 성도들은 교회를 진정한 가족으로 느끼게 됩니다.

교회는 서로를 형제자매로 여기고 어려운 시기에는 서로의 짐을 함께 나누는 것이 가족 공동체의 핵심입니다. 이 과정에서 우리는 서로 간의 차이를 이해하고 존중하는 법을 배우게 되며, 이러한 배움은 교회를 더욱 단단한 가족 공동체로 만듭니다. 가족 안에서는 서로를 격려하고 실수를 용납하며, 그 과정에서 더욱 깊은 사랑과 연대를 경험하게 됩니다. 우리는 단순히 형식적인 친교에 그치지 않고, 진정한 관심과 사랑을 나눔으로써 서로의 삶에 깊이 관여하는 관계를 형성하고자 합니다.

하나님께서 우리에게 맡기신 공동체적 사명은 바로 이러한 가족의 정신을 기반으로 합니다. 성도들 개개인이 서로의 삶에 진정으로 관심을 두고, 고통 속에서도 기쁨 속에서도 함께할 수 있는 가족 같은 교회를 만들어가는 것이 우리의 목표입니다. 이를 위해 각 가정이 작은 교회가 되어 서로를 위한 기도의 자리를 만들고, 서로의 삶을 위한 위로와 격려의 말을 전할 때, 우리는 진정한 가족 공동체로 성장할 수 있을 것입니다.

초대교회의 나눔과 사랑

초대교회는 서로의 필요를 채우고 모든 것을 나누는 공동체 정신을 실천했습니다. 그들은 자기 소유를 팔아 가난한 자들에게 나누어 주며, 하나님의 사랑을 현실 속에서 실천했습니다. 이러한 나눔의 정신은 오늘날 교회에도 매우 중요한 교훈이 됩니다. 교회는 성도 간의 나눔과 돌봄을 통해 진정한 공동체적 삶을 살아가야 합니다. 경제적으로 어려운 성도들을 돕기 위한 구제 기금을 마련하거나, 서로의 필요를 나눌 수 있는 시스템을 구축하는 것도 필요합니다.

나눔은 물질적인 것에 그치지 않고, 시간과 재능, 정서적 지지까지 포함됩니다. 성도들이 서로의 필요를 채우고 기도하며 격려할 때, 교회는 진정한 공동체로 성장할 것입니다. 나눔으로 형성된 공동체는 외부의 어려움에도 흔들리지 않으며, 하나님의 사랑을 세상에 드러내는 강한 공동체로 존재할 것입니다. 또한 우리는 이러한 나눔의 정신이 지속 가능하게 이루어질 수 있도록 정기적인 나눔과 봉사의 기회를 만들고, 나눔의 의미를 되새길 수 있는 교육을 제공하고자 합니다. 성도들은 이를 통해 진정한 섬김의 기쁨을 깨닫고, 나눔을 통해 하나님께 더욱 가까워질 수 있습니다.

나눔은 단순한 자선의 행위가 아니라, 공동체 안에서 서로를 더욱 이해하고 사랑하게 만드는 매개체입니다. 물질적 나눔은 우리의 마음을 하나님께로 더욱 열게 하고, 서로를 향한 진정한 사랑의 증거가 됩니다. 시간을 함께 보내고 서로의 이야기를 들으며 기도하는 것은, 우리 공동체 안에서 일어나는 하나님 나라의 확장입니다. 우리의 나눔이 단순한 형식이나 의무가 아닌, 진정한 사랑의 표현이 될 때, 우리는 초대교회가 보여주었던 그 나눔의 정신을 이 시대 속에서 이어갈 수 있을 것입니다.

진솔함과 신뢰의 공동체

교회가 진정한 공동체가 되기 위해서는 성도들이 서로의 삶을 진솔하게 나누고, 어려움을 함께 나누는 경험이 필수적입니다. 교회 내의 소그룹이나 셀 모임은 성도들이 자유롭게 자신의 이야기를 나눌 수 있는 신뢰의 공간이어야 합니다. 이러한 신뢰가 형성될 때, 교회는 단순한 예배 장소를 넘어 삶을 공유하고 치유할 수 있는 안전한 공간으로 느껴집니다. 예루살렘 교회에서도 성도들은 기쁨과 순전한 마음으로 함께 떡을 떼며 하나님을 찬양했습니다. 진솔한 나눔과 신뢰는 성도 간의 깊은 유대감을 형성하며, 어려운 시기에도 서로 지지해 줄 수 있는 힘이 됩니다.

이를 위해 교회는 성도들이 서로의 이야기에 귀 기울이고, 공감과 지지의 환경을 조성해야 합니다. 리더들이 솔선수범하여 이러한 문화를 형성할 때, 진정한 공동체는 성도 간의 깊은 신뢰와 나눔을 바탕으로 자라날 것입니다. 또한 우리는 이러한 신뢰 형성을 위해 성도 간의 열린 소통과 솔직한 대화를 촉진하며, 서로를 이해하는 데 도움을 줄 수 있는 워크숍과 세미나도 운영하고 있습니다. 이를 통해 성도들이 더 큰 공감과 이해의 능력을 갖추게 되고, 공동체 안에서 진정한 가족과 같은 신뢰 관계를 만들어갑니다.

이러한 신뢰의 관계는 시간이 지남에 따라 더 깊어지며, 성도들 각자가 느끼는 공동체적 소속감을 더욱 견고하게 만듭니다. 서로의 약점을 드러내는 것에 대한 두려움을 버리고, 오히려 그것을 통해 하나님의 위로와 치유를 경험하는 것이야말로 교회가 제공할 수 있는 최고의 축복 중 하나입니다. 진정한 신뢰와 나눔의 환경에서 성도들은 자신의 고통과 기쁨을 나눌 수 있으며, 이를 통해 하나님과의 관계 역시 더욱 깊어지게 됩니다. 교회는 이러한 진정한 나눔을 통해 성도들이 예수 그리스도 안에서 서로의 형제자매로서 함께 성장할 수 있도록 돕습니다.

관계의 본질과 공동체 형성

교회의 본질은 관계와 공동체에 있습니다. 교회는 그리스도인이 단순히 예배드리기 위해 모이는 장소가 아니라, 서로 관계를 맺고 하나님의 사랑을 실천하는 삶의 장입니다. 진정한 공동체가 되기 위해 성도들은 서로를 알고 이해하며, 기쁠 때나 슬플 때 함께하는 관계를 형성해야 합니다. 이를 위해 성도들이 서로를 격려하고 지지할 수 있는 환경을 마련하고, 새로 온 성도들이 공동체에 쉽게 녹아들 수 있도록 돕는 프로그램이 필요합니다. 모든 성도가 교회의 공동체적 삶에 참여하도록 돕는 것이 교회의 중요한 역할이기 때문입니다.

교회는 친교 활동과 소그룹 모임을 통해 성도들이 서로의 삶에 깊이 관여할 기회를 마련하고, 모든 성도가 하나님 안에서 하나로 연합될 수 있는 환경을 만들어야 합니다. 교회는 또한 성도들이 서로의 삶에 진정한 관심을 기울이고 우정을 나눌 기회를 제공해야 합니다. 교회가 가족 같은 친교 행사와 취미 모임, 가정 방문 등을 통해 성도 간의 관계를 깊어지게 함으로써, 교회는 단순한 만남을 넘어서 서로의 삶에 깊이 관여하며 영적으로 성장하는 공동체로 발전하게 될 것입니다.

또한 이러한 관계 형성 과정은 성도들이 자신의 고유한 재능을 발휘하고, 다른 이들과 협력하여 더욱 큰 목적을 이루는 데 기여할 기회를 제공하는 것입니다. 우리는 성도들이 서로의 다름을 포용하며 함께 성장할 환경을 조성하여, 공동체 내에서 서로를 이해하고 존중하는 문화를 만들어 갑니다. 교회는 각 성도의 삶에 관심을 갖고, 그들이 겪는 문제와 어려움에 대해 함께 고민하며 그 속에서 하나님이 주시는 지혜를 찾는 데 도움을 주어야 합니다. 이를 통해 성도들은 단순한 교회 구성원이 아니라, 하나님 나라의 일꾼으로서 서로의 삶에 깊이 참여하게 됩니다.

교회와 설교

영적 리더의 역할

시은소교회의 리더들은 하나님 앞에서 자신을 점검하며, 하나님을 따르는 본보기의 역할을 다하려고 노력합니다. 지도자가 먼저 하나님께 순종하는 모습을 보일 때, 성도들도 자연스럽게 따라오게 됩니다. 이는 지도자가 단순히 행정적 리더가 아니라 영적 리더로서의 모범이 되어야 함을 의미합니다. 이를 위해 지도자들은 정기적으로 모여 기도하고, 말씀을 나누며, 하나님께 헌신하는 시간을 갖습니다. 또한 예배와 소그룹 모임에서 솔직한 신앙 경험을 나누며 성도들에게 영적 자극을 제공합니다.

이러한 나눔과 헌신의 모습은 성도들에게 큰 영향을 주어, 모두가 하나님의 뜻에 맞춰 조화롭게 성장하는 데 기여하게 됩니다. 지도자들의 본보기는 시은소교회 공동체가 하나의 영적 목표를 향해 나아가는 원동력이 될 것입니다. 더 나아가, 지도자들은 성도들과 함께하는 시간 속에서 그들의 고충과 문제를 이해하고 그에 맞는 지혜로운 상담과 도움을 제공하는 역할을 해야 합니다. 이를 통해 성도들은 지도자와의 신뢰를 더욱 깊게 느끼고, 교회의 영적 여정에서 안정감을 찾을 수 있게 됩니다.

리더들은 단순히 교회를 이끄는 위치에 있는 것이 아니라, 성도들과 함께 하나님의 뜻을 발견하고 그분의 비전에 순종하는 동반자가 되어야 합니다. 그들의 영적 성장은 공동체 전체의 성장으로 이어지며, 리더가 가진 헌신과 열정은 성도들에게도 전염되어, 교회의 사역에 대한 열정과 헌신을 불러일으킵니다. 지도자들이 성도들을 섬기는 모습은 성도들에게 겸손과 봉사의 본보기가 되고, 이는 공동체가 서로를 섬기며 하나님을 향해 나아가는 원동력이 됩니다.

우리의 소망과 비전

우리 시은소교회 역시 이러한 공동체적 성장을 이루어 가기를 소망합니다. 시은소교회는 각 성도가 신앙 속에서 깊이 뿌리내리고 성장할 수 있도록 서로를 격려하고 지지합니다. 개인의 신앙 성장이 곧 공동체의 성장이 될 수 있다는 확신 속에서, 예배만 아니라 소그룹 모임, 성경 공부, 기도회 등을 통해 성도들이 서로 믿음을 나누고 성장할 수 있는 기회를 제공하며, 이 모든 여정 속에서 성도들이 신앙 안에서 깊어질 수 있도록 최선을 다하고 있습니다. 또한 우리는 성도들이 자신의 신앙을 실천으로 옮길 수 있도록 돕기 위해 다양한 프로그램과 교육 기회를 제공합니다. 이렇게 함으로써 각 성도는 신앙의 이론을 넘어, 실제 생활 속에서 하나님의 가르침을 실천하게 됩니다.

특히, 우리 시은소교회의 중요한 목표 중 하나는 성도들이 서로의 필요를 돌아보며, 함께 기도하고 함께 걸어가는 공동체로 성장하는 것입니다. 신앙은 개인의 고백에 그치는 것이 아니라, 그 고백이 교회 전체의 삶으로 확산하며, 하나님의 진정한 공동체를 형성하는 데까지 나아가야 합니다. 우리는 성도들이 하나님 안에서 서로 격려하고 믿음을 키우며, 신앙적 성장이 교회 전체의 성숙으로 이어질 수 있도록 큰 노력을 기울이고 있습니다. 이를 위해 성도들이 서로의 삶 속에서 일어나는 크고 작은 어려움에 함께하는 경험을 중요시하며, 그들의 필요에 맞춘 구체적인 지원을 제공하려고 노력합니다. 이러한 과정은 성도 개개인이 느끼는 소속감을 더욱 견고하게 만들고, 신앙 안에서 서로가 동반자로 느껴지게 만듭니다.

또한 우리는 교회의 성장이 교회 내에서만 머무르지 않고 세상으로도 뻗어나갈 수 있도록 힘쓰고 있습니다. 안디옥 교회처럼, 우리 교회의 성장은 내부에 머물지 않고 세상을 변화시키는 불꽃이 되어야 합니다. 시은소교회의 성도들이 서로를 격려하며 신앙 속에서 깊어질 때, 그 영향력은 교회 밖으로 흘러나가 하나님의 사랑과 복음을 실천하게 됩니다. 이를 위해 우리는 사회봉사 활동과 지역 사회와의 연계 프로그램 등을 운영하여, 성도들이 세상 속에서 신앙을 살아내고, 그곳에서 영향력을 발휘할 수 있도록 합니다. 또한, 지역 사회와의 긴밀한 소통을 통해 교회가 그들의 필요와 문제를 적극적으로 도울 기회를 마련하고 있습니다. 이러한 과정에서 교회는 지역 사회의 희망 빛이 되고, 성도들은 실질적인 하나님의 손과 발이 되어 갑니다.

시은소교회도 깊이 있는 신앙과 내적 성숙을 통해 공동체적 성장을 이루고자 합니다. 우리는 각 성도가 하나님 안에서 깊이 뿌리내리고 자라날 수 있도록 돕고 있으며, 그 성장이 교회 전체의 성숙으로 이어질 것임을 믿습니다. 중요한 결정을 내릴 때 성도들이 함께 논의하고 결정하는 과정은 공동체의 결속을 강화하고 각 성도에게 소속감을 주는 중요한 과정입니다. 이는 현대 교회가 직면한 도전 속에서도 필수적인 일입니다. 다양한 회의와 기도회를 통해 성도들이 교회의 비전과 방향에 적극적으로 참여하고, 자신이 교회의 중요한 일부임을 느끼게 해야 합니다. 이러한 참여는 성도들에게 책임감과 소속감을 부여하며, 공동체가 하나의 목표를 향해 함께 나아가는 원동력이 됩니다.

또한 실행 단계에서 성도들이 자신의 재능을 활용해 역할을 맡는다면, 성도 모두가 교회 사역에 기여할 수 있습니다. 이를 통해 시은소교회는 진정한 공동체로 성장할 것입니다. 이러한 모습은 공동의 결정 과정에서 각자의 의견이 존중되고, 그들의 생각이 실제로 반영되는 경험은 성도들의 신앙생활에 깊은 만족감을 주며, 공동체 안에서의 소속감과 연대를 강화하게 만듭니다. 우리는 성도들이 교회의 주인이며, 각자 맡은 역할을 통해 교회의 성장을 이끌어 갈 수 있다는 확신 속에서, 모두가 하나님의 비전을 향해 함께 나아가기를 소망합니다.

설교 준비 과정

시은소교회의 설교는 깊은 기도와 묵상으로 하나님과의 대화를 통해 준비됩니다. 설교를 준비하는 과정은 곧 하나님 앞에 자기 자신을 내려놓는 여정입니다. 저는 하루의 일상에서, 때론 예배당 한구석에서, 때론 산책로에서 그 말씀을 붙들고 홀로 앉아 묵상합니다. 저에게 가장 귀한 순간은 그저 조용히 하나님께 질문을 던지는 그때입니다. 그 질문이 하나님께 스며들어 가고, 답이 내 영혼 속에 뿌리내리는 시간입니다. 본문이 누가복음 15장이라면, 탕자의 비유에서 아버지가 아들을 바라보며 달려가는 장면을 머릿속에 그리며 하나님께 묻습니다. "아버지의 눈에 비친 저 먼 길에서 오는 아들의 모습은 어떤 느낌이었을까?" 마치 상처받고 돌아온 아들을 껴안으며 흘리는 눈물 한 방울 한 방울의 깊이를 느끼듯, 그 장면을 저의 마음에 그려봅니다. 이처럼 설교는 성경의 구절에 대한 해석을 넘어, 하나님과 깊은 교제 속에서 생명을 불어넣어 살아있는 진리로 다가오게 합니다.

저는 때론 산책로를 걸으며 교회의 성도들을 한 사람 한 사람을 떠올립니다. 그들의 얼굴을 하나하나 기억하며, 그들이 처한 상황을 마음에 품고 하나님께 간구합니다. 경제적인 어려움에 부닥친 이들을 위해 하나님의 위로와 공급을 간구하고, 병마 속에서 고통받는 이를 위해 치유와 평안을 구합니다. 그렇게 성도들이 마주하는 현실을 묵상하다 보면, 그들이 직면한 고통과 하나님께서 그들 가운데 주실 은혜가 설교 안에서 자연스럽게 연결되곤 합니다. 그들은 단순한 이름이나 얼굴이 아닌, 하나님께서 사랑하시는 한 사람 한 사람의 귀한 존재임을 깨닫습니다.

이렇게 준비된 설교는 단순한 말의 나열이 아닌, 하나님의 마음을 성도들에게 전하기 위한 진심 어린 메시지가 됩니다. 기도와 묵상은 설교를 다듬는 도구와 같습니다. 마치 보석을 연마하는 것처럼, 하나님의 진리를 성도들의 마음속에 깊이 새겨 생명력 있는 빛으로 발하게 하는 과정입니다. 그런 시간이야말로 설교의 생명을 불어넣는 진정한 여정입니다. 기도와 묵상을 통해 하나님과의 연결이 깊어지면, 설교의 단어 하나하나에 담긴 의미가 성도들을 향한 하나님의 사랑과 관심으로 충만해집니다. 그리하여, 설교는 성도들이 하나님을 더욱 가까이 느끼고, 그분의 음성을 자신들의 일상에서 듣게 하는 생명의 통로가 됩니다.

기도의 시간은 때로 예상하지 못한 방식으로 다가오기도 합니다. 일상적인 일들이나 작은 순간들 속에서 하나님께서 말씀하시는 것을 깨닫는 것입니다. 아침 햇살이 들어오는 방에서 말씀을 묵상하며, 그 속에서 비추어지는 하나님의 빛을 체험하는 것처럼, 하나님께서는 언제나 우리 곁에서 말씀하십니다. 설교를 준비하는 모든 과정이 곧 하나님의 인도하심에 대한 순종의 시간입니다.

성경 연구와 철저한 준비

설교의 주제는 적어도 3주 전에 정해집니다. 그 주제에 따라 깊은 묵상과 기도, 그리고 성경 연구가 시작됩니다. 성경 연구는 단순히 본문을 읽는 것이 아닙니다. 그 본문이 놓인 시대적 배경, 역사적 맥락, 문화적 상황을 깊이 있게 탐구합니다. 그리고 그 본문이 지금, 이 시대에 살아가는 성도들에게 어떤 의미를 줄 수 있는지 고민하는 과정입니다. 하나님의 말씀은 시대를 초월하여 동일한 진리를 전달하지만, 성도들이 살아가는 현실 속에서 그 진리가 어떻게 드러나고 적용될지를 깊이 고민하는 것이 목회자의 사명입니다.

누가복음 15장의 탕자의 비유를 준비할 때, 저는 그 시대의 유대 사회에서 '아버지가 달려가 아들을 맞이하는' 행위가 얼마나 파격적인 것이었는지에 관해 연구했습니다. 아버지의 무한한 사랑, 그 사랑이 성도들의 삶 속에서 어떻게 이해될 수 있을지를 깊이 생각하며 묵상합니다. 이러한 연구 과정은 예술가가 작품을 완성하기 위해 매 순간 섬세하게 붓질하는 것과 같습니다. 성경의 한 단어 한 단어를 다듬으며, 그 메시지가 성도들에게 어떻게 살아 움직일 수 있을지를 탐구하는 시간입니다. 이렇게 준비된 설교는 단순히 이론적 지식을 나열하는 것이 아니라, 성도들의 영적인 필요를 채우고 삶 속에서 실천할 수 있는 구체적인 지침을 제공합니다.

성경 연구는 깊은 광산에서 보석을 캐내는 것과도 같습니다. 그 속에서 찾아낸 진리의 보석은 성도들의 삶을 빛나게 하고, 그들이 직면한 어둠을 비추는 등불이 됩니다. 본문 속의 역사적 사실 하나하나, 사회적 배경을 이해하는 것 하나하나가 설교를 더 깊고 생명력 있게 만듭니다. 성경의 배경을 연구하는 것은 단순한 지식의 축적이 아니라, 그 말씀 속에 담긴 하나님의 마음을 더 가까이 느끼기 위한 과정입니다.

현대적 적용과 문제 해결

설교는 성도들의 삶에 구체적으로 맞닿아 있습니다. 현실에서 부딪히는 문제들에 대해 하나님께서 주시는 길을 찾고, 세상 속에서 신앙을 유지하며 살아갈 힘을 얻게 돕습니다. 예를 들어 실직의 고통을 겪는 성도와 나눈 대화를 통해 '하나님의 공급하심'에 대한 설교를 한 적이 있습니다. 그 성도에게 주신 하나님의 위로가 모든 성도에게 주시는 위로로 확장되는 순간, 성경의 말씀이 현대의 현실에 살아 숨 쉬는 지혜로 변모합니다.

성도들은 설교를 통해, 그들이 직면한 문제들을 신앙의 눈으로 바라볼 수 있는 시각을 갖추게 됩니다. 경제적 어려움, 가족 간의 갈등, 직장 내 스트레스 등 복잡한 문제들 속에서 하나님의 말씀을 중심으로 방향을 찾아갑니다. 이는 바다에서 항로를 잃은 배가 등대를 발견하는 것과 같이 설교는 성도들의 마음속에 하나님께서 그들을 위해 세워주신 등대가 되어, 그들이 세상 속에서 안전한 항구로 나아가도록 돕습니다.

또한 설교를 준비하며 성도들이 겪고 있는 다양한 도전과 문제들을 구체적으로 이해하려고 노력합니다. 가정 내 갈등을 겪는 성도를 위해 그들에게 필요한 하나님의 사랑과 용서에 관해 이야기하거나, 직장에서의 스트레스와 경쟁 속에서 성도들이 하나님의 평강을 경험할 수 있도록 돕는 설교를 준비합니다. 설교는 그저 하나의 이론적 진리를 전하는 것이 아니라, 성도들이 그 속에서 직접 힘을 얻고 살아가는 구체적인 양식이 되어야 합니다.

영적 성장과 제자 훈련

시은소교회의 설교는 단순히 감동을 전하는 것으로 그치지 않습니다. 그것은 성도들의 삶 속에서 영적으로 뿌리내리고 그들을 성장하게 하는 힘이 됩니다. 매주 설교는 성도들에게 영적인 도전을 던집니다. 예를 들어, 매일 아침 10분간 성경을 읽거나, 감사 기도를 드리는 작은 실천을 권유합니다. 이런 작은 실천들이 모여 성도들의 영적인 뿌리가 점점 깊어지며, 마침내 그리스도를 중심으로 한 견고한 나무로 자라나게 됩니다.

또한, 저는 제자 훈련을 통해 성도들이 서로 격려하고 지지하는 공동체를 형성할 수 있도록 독려합니다. 제자 훈련은 단순한 성경 공부가 아니라, 서로의 삶을 나누고 함께 기도하며, 신앙의 길을 함께 걸어가는 여정입니다. 이를 통해 성도들은 서로를 격려하고 하나님의 비전을 함께 나누며 공동체의 아름다움을 체험하게 됩니다. 이러한 공동체적 성장의 경험은 신앙의 뿌리를 더욱 단단하고 깊게 만들어 줍니다.

영적 성장은 시간이 걸리고, 때로는 시행착오도 있지만, 하나님의 말씀 안에서 성도들은 점차 성숙한 신앙의 모습으로 변화됩니다. 설교는 단순히 지식의 전파가 아니라, 삶을 변화시키는 힘이며 매주 설교를 통해 새로운 도전을 받고, 그 도전을 통해 하나님의 비전에 다가가며, 신앙의 깊이를 더해갑니다.

성도 간의 공동체와 상호 돌봄

시은소교회의 설교는 성도들이 서로의 삶을 나누고, 진정한 사랑의 공동체를 이루도록 돕습니다. 설교를 통해 성도들은 서로를 위한 중보 기도의 중요성을 깨닫고, 서로를 위해 사랑을 실천하는 방법을 배우게 됩니다. 성도가 서로의 필요를 채우기 위해 기도하고, 도움의 손길을 내미는 것은 교회가 단순한 모임을 넘어 하나님 안에서 하나의 가족이 되는 길입니다. 어려운 시기를 겪고 있는 성도를 위해 기도하고, 실질적인 도움을 제공하는 것은 사랑의 실천이며, 그 과정에서 우리는 하나님의 손과 발이 되어갑니다. 이러한 상호 돌봄을 통해 성도들은 하나님의 사랑을 삶 속에서 직접 경험하게 됩니다.

교회 공동체는 서로에게 힘이 되고 지지대가 되는 존재입니다. 우리는 서로의 손을 붙잡고 함께 걸어가는 동반자입니다. 누군가가 넘어졌을 때 그를 일으켜 세우고, 아픈 이에게 위로의 손길을 내미는 것이 교회의 모습이어야 합니다. 설교를 통해 성도들은 이러한 사랑의 실천이 단지 말로 그치는 것이 아니라, 삶으로 이어져야 함을 깨닫습니다. 그리하여 교회는 하나님의 사랑이 실제로 실현되는 장소가 됩니다.

생명의 말씀, 깊은 책임

시은소교회의 설교는 목회자가 하나님과 깊은 교제 속에서 길어 올린 생명의 말씀입니다. 이 말씀은 성도들의 삶 속에서 살아 움직이며 그들에게 위로와 힘을 줍니다. 수년 전의 설교도 여전히 성도들의 마음속에 기억되어 삶의 방향을 제시해 주는 것을 볼 때마다, 저는 목회자로서의 깊은 책임감을 절감합니다. 성도들의 눈빛 하나하나는 말씀을 전하는 자로서 책임감을 더욱 무겁고 거룩하게 느끼게 합니다.

설교를 준비하는 일은 결코 가벼운 작업이 아닙니다. 그것은 하나님의 말씀을 세심하게 다루며, 그 말씀을 통해 성도들의 삶에 변화를 가져오는 일입니다. 설교를 통해 하나님께서 역사하시며, 그 말씀이 성도들의 삶을 새롭게 하는 힘이 되기를 바랍니다. 이는 성도들 각자가 하나님 안에서 발견한 생명의 의미와도 연결되며, 설교를 통해 그 의미를 발견하고, 삶 속에서 그분과 동행하는 여정을 지속하게 됩니다. 그런 면에서 설교는 목회자가 성도들과 함께 걷는 신앙의 여정이며, 그 길 위에서 하나님의 음성을 함께 들으며 한 걸음 한 걸음 나아가는 과정입니다.

도시 선교론

MERCY

요한복음 17장은 예수님께서 제자들뿐만 아니라, 오늘날 우리를 위해 기도하신 모습을 보이고 계십니다. 그 기도의 핵심은 바로 하나 됨입니다. 우선 하나님과의 관계가 예수님과 하나님의 관계처럼 하나가 됨을 원하셨습니다. 고린도후서 5:17에서 바울은 "누구든지 그리스도 안에 있으면 새로운 피조물이라"라고 선언합니다. 우리는 과거의 실패와 아픔을 뒤로하고, 새로워진 삶으로 나아갈 수 있게 되었습니다.

이렇게 새롭게 하시는 목적을 말씀하십니다. 18절 "모든 것이 하나님께로서 났으며 그가 그리스도로 말미암아 우리를 자기와 화목하게 하시고 또 우리에게 화목하게 하는 직분을 주셨으니"이 본문을 통해 우리를 다시 새롭게 하신 목적이 잘 나타납니다. 1. 모든 것을 창조하신 하나님과 화목하기를 위해. 2. 화목의 사명자로 부르기 위해 우리는 모두 새로운 피조물이 되었다면 화목하게 하는 직분자가 된 것입니다.

1. 하나님과의 화목 : 예배
2. 공동체와의 화목: 소그룹
3. 이웃과의 화목: 나눔
4. 세상과의 화목: 선교
5. 자신과의 화목: 제자도 (충성)

시은소교회는 다가오는 미래를 준비하며, 'MERCY'라는 비전을 중심으로 세상에 하나님의 사랑을 드러내는 사명을 실천하고 있습니다. 이 비전은 다섯 가지 핵심 가치를 추구하며, 가치마다 하나님의 마음을 담아 세상을 변화시키고자 합니다: 의미 있는 예배(Meaningful Worship), 가족 같은 소그룹(Engaging Oikos), 회복시키는 나눔(Restore by Sharing), 희생적인 선교(Committed to the Missions), 충성된 제자(Yes! Jesus). 이러한 비전은 교회의 방향성을 나타내며, 변화하는 시대 속에서 하나님께서 원하시는 사역을 실천하려는 의지를 담고 있습니다.

시온소교회의 'MERCY' 비전의 중심에는 '자비'(Mercy)가 있습니다. 자비는 단순히 선행 이상의 의미를 가지며, 생명과 직결된 사랑의 실천입니다. 예수님께서는 우리에게 자비를 보여주셨습니다. 마태복음 9장 36절에서 예수님은 "무리를 보시고 불쌍히 여기시니 이는 그들이 목자 없는 양과 같이 고생하며 기진함이라"라고 말씀하셨습니다. 예수님의 자비는 우리의 고통을 보고 외면하지 않으시는 마음입니다. 그분의 사랑은 연약한 우리를 붙들어 주시고, 길을 잃은 자들에게 새로운 길을 제시하는 생명의 등불과 같습니다. 자비는 그저 동정의 마음에 그치지 않고, 적극적인 행동을 요구하며 다른 사람을 자신의 고통 속에서 일으켜 세우기 위해 자신의 편안함을 기꺼이 포기하는 사랑입니다.

자비는 은혜에서 시작되며, 그 은혜를 받은 성도들이 세상 속에서 자비를 베풀 때 놀라운 변화가 일어납니다. 누가복음 10장에서 선한 사마리아인의 비유를 통해 예수님은 이웃을 사랑하는 것이 무엇인지 구체적으로 보여주셨습니다. 길가에 쓰러진 사람을 지나치지 않고 다가가 돌보며, 자신의 자원을 아낌없이 사용하여 그를 살리는 모습은 오늘날 우리가 실천해야 할 자비의 표본입니다. 자비는 그저 기분 좋은 말이나 타인의 불행에 대한 일시적인 연민이 아니라, 고통을 함께 나누고 행동으로 답하는 것입니다.

그것은 우리의 삶 속에서 하나님의 은혜를 드러내며, 우리로 하여금 그리스도의 사랑을 나눌 수 있도록 인도합니다. 우리는 그리스도의 몸 된 교회로서, 쓰러진 자를 일으키고, 고통받는 자에게 손을 내밀며, 생명을 살리는 도구가 되어야 합니다. 그렇게 하나님의 자비를 실천할 때, 그 자비는 단순히 받는 자의 삶을 바꿀 뿐만 아니라, 베푸는 우리 자신을 더 깊은 하나님의 사랑으로 성장시키는 기회가 됩니다.

히브리어로 '자비'를 의미하는 '헤세드'(חֶסֶד)는 변함없는 사랑과 신실함을 포함하는 깊은 개념입니다. '헤세드'는 하나님께서 언약을 통해 우리에게 보여주시는 신실한 사랑으로, 언제나 우리 곁에 머무시며 우리를 돌보시는 하나님의 마음입니다. 시편 136편은 "그의 인자하심이 영원함이로다"라는 구절로 반복적으로 하나님의 자비를 찬양합니다. 이는 하나님께서 언제나 우리와 함께하시며, 그분의 자비가 끝이 없음을 상기시켜 줍니다.

이와 같은 자비는 우리에게 단순한 감정을 넘어서는 의무와 헌신을 요구합니다. 우리가 받은 이 '헤세드'를 통해, 세상에 하나님의 빛을 비추며, 주님의 신실함을 세상에 드러낼 수 있어야 합니다. 자비는 고통 속에서 상처 입은 자들에게 손을 내미는 것이며, 세상 속에서 하나님의 신실한 사랑을 구체적으로 실천하는 것입니다. 우리는 매 순간, 하나님의 '헤세드'를 기억하고 그 사랑에 응답하는 삶을 살아야 합니다. 이 신실함은 우리가 외롭고 힘든 이들에게 위로와 희망의 등불이 되어야 함을 가르쳐 줍니다.

또한, 은혜는 히브리어 '헨'(חֵן)으로, 자격 없는 자에게 베풀어지는 하나님의 호의를 의미합니다. 은혜는 우리에게 값없이 주어진 하나님의 사랑이며, 이는 에베소서 2장 8절에서 "너희는 그 은혜에 의하여 믿음으로 말미암아 구원받았으니 이것은 너희에게서 난 것이 아니요. 하나님의 선물이라"라고 말씀하신 것처럼, 우리의 노력이나 공로로 얻을 수 없는 하나님의 선물입니다.

이 은혜는 우리로 하여금 자비를 실천하게 하고, 하나님께서 우리에게 베푸신 사랑을 다른 이들에게 나눌 수 있게 합니다. 예수님께서 우리에게 주신 사랑은 아무런 대가 없이 주어진 것이며, 우리는 이 은혜를 세상 속에서 자비로 실천하며 살아가야 합니다. 은혜는 자비의 원천이며, 그 은혜를 알 때, 진정으로 다른 이들에게 자비를 베풀 수 있습니다. 자격이 없었음에도 하나님께서 우리에게 주신 사랑을 깊이 깨달을 때, 우리 안에 있는 이기적인 마음이 부서지고, 이웃에게 손을 내미는 담대한 사랑이 자라납니다.

예수님께서는 이 땅에 오셔서 우리에게 자비의 본을 보여주셨습니다. 병든 자들을 치유하시고, 죄인들과 함께 식사하시며, 사마리아 여인처럼 소외된 자들에게 다가가 그들의 삶을 변화시키셨습니다. 예수님의 자비는 언제나 행동을 동반했습니다. 이는 단순한 기적의 나열이 아니라, 자비의 삶을 살아가라는 하나님의 초대입니다. 예수님의 십자가는 자비의 궁극적인 표현이며, 모든 인류를 향한 하나님 사랑의 선언입니다. 자비는 주저함 없는 행동이며, 매일의 일상에서 반복되는 선택입니다. 자비는 어쩌면 불편하고 손해를 보는 것처럼 느껴질 수 있지만, 그것이 바로 우리가 받은 사랑의 참된 모습입니다.

예수님은 십자가에서 그 모든 불편과 고통을 기꺼이 감당하셨고, 이를 통해 우리에게 진정한 자비를 보여주셨습니다. 우리가 그 사랑을 받은 자로서, 세상에 자비를 실천함으로써 하나님의 사랑을 전해야 합니다. 무자비한 세상 속에서 하나님의 자비를 실천하는 것은 곧 그분의 은혜를 세상에 비추는 거룩한 사역입니다. 우리의 작은 행동 하나하나가 하나님의 사랑을 증거하는 거울이 되며, 그 거울을 통해 세상이 하나님의 얼굴을 볼 수 있도록 해야 합니다.

이 자비의 정신을 통해 생명을 살리고, 하나님의 사랑을 나누며 세상에 복음을 전하고자 합니다. 자비를 실천함으로써 하나님의 사랑을 전하고, 그들이 생명을 얻게 하는 것이 교회의 중요한 역할입니다. 의미 있는 예배와 소그룹, 회복과 선교, 그리고 예수님께 "예스"라고 대답하는 충성된 제자로서 우리는 하나님의 자비를 세상에 드러내는 불꽃이 되어야 합니다. 우리의 일상 속 작은 선택들에서 자비가 빛나기를, 이러한 자비의 삶을 통해 우리의 교회가 빛이 되어, 어둠 속에 희망을 심고, 하나님의 사랑으로 이 땅을 변화시키는 일에 앞장서기를 소망합니다. 우리가 매일 만나는 사람들에게 보여주는 미소, 이해와 인내의 말, 그리고 작은 도움이 곧 자비의 실천입니다. 이러한 작은 실천들이 모여 거대한 하나님의 사랑의 강물을 이뤄, 메마른 이 땅에 생명과 회복의 소망을 가져올 것입니다. 우리는 그 사랑의 강물이 되어, 하나님의 자비를 세상 끝까지 흘려보내는 도구가 되기를 기도합니다.

Meaningful Worship (의미 있는 예배)

"하나님은 영이시니 예배하는 자가 영과 진리로 예배할지니라."
(요한복음 4:24)

시은소교회가 지향하는 예배는 '영과 진리로 드리는 예배'입니다. 이 예배는 하나님을 경외하고 그분의 말씀에 뿌리를 두며, 변하지 않는 진리에 기반한 예배의 중요성을 강조합니다. 시은소교회의 예배는 창조주 하나님과 구원자 예수님을 기억하고 그분이 행하신 모든 일을 기념하는 것으로 시작되며, 성도들이 온 마음을 다해 하나님을 경배할 수 있도록 돕습니다.

예배의 의미와 중요성

예배는 그저 주어진 시간 동안의 의무나 형식적인 행위가 아닙니다. 예배는 마치 한 사람의 내면에 깊게 뿌리 내린 나무가 바람을 따라 움직이며 하늘을 향해 자라는 것과도 같습니다. 복음은 단순히 구원의 메시지로 끝나는 것이 아니라, 우리 삶의 모든 결을 통해 살아내야 하는 진리입니다. 복음적인 대화, 복음적인 관계, 복음적인 결단이 이루어질 때 비로소 우리는 삶과 연결된 예배를 드리게 됩니다.

시은소교회의 예배는 성도들이 복음적 삶을 살아가도록 돕고 있습니다. 예배는 하나님과의 만남이며, 이 만남을 통해 성도들은 새로워지고, 그들의 마음은 새롭게 조정됩니다. 예배는 단순히 앉아 듣는 시간이 아니라, 우리의 생각과 태도를 바꾸어 하나님과 더 가까워지는 시간입니다. 이를 통해 우리는 하나님의 사랑과 은혜를 깊이 체험하고, 그 사랑으로 세상 속에서 살아갈 힘을 얻습니다.

'영과 진리로 드리는 예배'의 성경적 근거

요한복음 4장 24절에서 예수님은 사마리아 여인과의 대화 중에 말씀하십니다.

"하나님은 영이시니 예배하는 자가 영과 진리로 예배할지니라."

예수님은 참된 예배란 특정한 장소나 형식에 국한되지 않으며, 오히려 마음과 진리 안에서 하나님께 드리는 것임을 가르치셨습니다. 사마리아 여인이 "어디에서 예배해야 합니까?"라고 묻는다면, 예수님은 미소를 지으며 "장소가 중요한 것이 아니다. 중요한 것은 내 마음이 어디에 있는가이다"라고 대답하셨을 것입니다. 하나님께서 원하시는 예배는 진실한 마음으로 하나님 앞에 서는 것입니다. 요한복음의 말씀은 예배의 본질을 명확히 보여줍니다. 예배는 겉으로 드러나는 행위나 의식에 있지 않으며, 하나님과의 진정한 교제를 향한 마음가짐에 달려 있습니다. 예수님께서 강조하신 것은 '형식적인 장소'가 아니라, '마음의 위치'였습니다. 우리의 마음이 하나님을 향하고 있는지, 우리의 생각이 그분께 집중되고 있는지가 중요합니다.

예배의 장소와 형식의 초월

예수님은 참된 예배가 특정한 장소나 형식에 국한되지 않는다고 말씀하셨습니다. 하나님은 영이시기에, 어디에서나 진실한 마음으로 영으로 예배할 수 있습니다. 예배는 어느 공간에 갇히지도 않으며, 매이지도 않습니다. 우리의 마음이 하나님을 향해 있다면 우리는 어디서든 그분과 함께할 수 있습니다. 바울은 로마서에서 우리의 몸을 산 제물로 드리는 것이 하나님께서 기뻐하시는 영적 예배라고 가르쳤습니다. 이는 예배가 특정한 시간이나 장소가 아니라 우리의 전체적인 삶임을 의미합니다.

예배의 장소는 중요하지 않습니다. 중요한 것은 우리의 마음이 어디에 있는가입니다. 우리는 교회라는 물리적 공간에 모일 때뿐만 아니라, 삶의 모든 시간, 모든 자리에서 하나님을 예배할 수 있습니다. 우리가 출근길에 운전할 때, 가정에서 자녀와 함께할 때, 친구와 대화할 때도 우리는 하나님을 예배할 수 있습니다. 예배는 우리의 삶 자체를 하나님께 드리는 것이며, 하나님께서는 이러한 삶의 예배를 기뻐 받으십니다.

하나님은 우리의 외적인 모습이나 형식보다 마음과 영혼의 상태를 보십니다. 우리가 드리는 예배는 어떤 장소에서 어떤 형식을 따르느냐보다, 우리의 마음이 얼마나 진실하게 하나님을 향하고 있느냐에 달려 있습니다. 우리는 예배드릴 때, 성령님의 인도하심에 따라 우리의 영이 하나님과 교제하도록 해야 합니다. 예배는 외적인 틀에 매이지 않고, 진리와 영 안에서 자유롭게 하나님을 만나는 시간이어야 합니다.

우리의 예배는 하나님의 진리, 곧 성경의 말씀에 기반해야 합니다. 진리에 대한 올바른 이해 없이 드리는 예배는 쉽게 흔들리며, 진리 없는 열정은 방황하는 예배가 될 것입니다. 그러므로 우리는 성경을 통해 하나님의 진리를 배우고, 그 진리에 순종하며 살아야 합니다. 그렇게 살아갈 때, 우리의 삶은 그 자체로 하나님께 드리는 아름다운 예배가 될 것입니다.

시은소교회는 이러한 '영과 진리로 드리는 예배'를 통해 성도들이 그리스도의 복음을 삶에서 실천하도록 돕고 있으며, 이를 통해 하나님과 깊은 교제와 변화를 경험할 수 있기를 바랍니다. 하나님은 우리의 마음과 영혼을 보시며, 진실한 마음으로 그분을 찾는 자들을 기뻐하십니다. 우리가 그분의 진리 안에서 살아갈 때, 하나님께서 우리를 인도하시고 축복하실 것입니다.

이제 우리의 예배가 그저 일요일 한 시간에 멈추는 것이 아니라, 우리의 모든 날에 깊이 뿌리내리길 바랍니다. 우리를 창조하시고 구원하신 그 하나님을 기억하며, 영과 진리로 하나님을 예배하는 삶을 살아가길 간절히 소망합니다.

하나님은 영이시니

'하나님은 영이시니'라는 표현은 마치 바람처럼, 물처럼 우리 감각으로는 온전히 잡을 수 없으나 어디에나 계시고 만물을 채우시는 하나님을 의미합니다. 하나님은 물질적인 한계나 형태에 얽매이지 않으십니다. 우리가 하나님을 형상이나 우상으로 제한하지 말아야 하는 이유도 바로 여기에 있습니다. 하나님은 모든 것의 근원이시며, 우리가 예배드릴 때 그분께는 우리의 마음, 즉 보이지 않는 영이 필요합니다. 그것은 물질이나 행위로 가득한 껍질이 아닌, 하나님과 대면하는 영혼의 깊은 소리가 되어야 합니다.

하나님을 영으로 이해하는 것은 그분의 무한한 존재와 위대함을 깨닫는 것입니다. 우리는 하나님을 특정한 이미지나 형태로 제한할 수 없으며, 우리의 예배도 그분의 무한하심을 반영해야 합니다. 하나님은 우리가 어디에 있든지, 우리가 처한 환경과 관계없이 우리의 영혼 깊은 곳에서 드리는 예배를 받으십니다. 이처럼 하나님은 물리적인 형식과 시간의 한계를 초월하여 우리의 마음을 보시며, 그 진실함을 기뻐하십니다.

영과 진리로 예배할지니라

영으로 예배한다는 것은 단순히 외적인 행위가 아닌 내면 깊숙한 곳에서 나오는 예배입니다. 우리의 영이 성령님의 인도하심을 따라 하나님과 교통하는 것이 참된 예배입니다. 이 예배는 마치 어두운 방 안에서 촛불을 켜는 것처럼, 성령의 불빛이 우리 마음을 밝혀 하나님께 나아가게 하는 것입니다. 성령님의 인도 없이는 우리는 참된 예배를 드릴 수 없습니다. 그분의 빛이 우리를 비추어야만 우리는 하나님께서 원하시는 방식으로 나아갈 수 있습니다.

진리로 예배한다는 것은 우리의 예배가 하나님의 말씀에 기반해야 함을 의미합니다. 예수님께서는 "내가 곧 길이요 진리요 생명이다"라고 하셨습니다. 진리는 단순한 정보나 지식이 아니라 예수 그리스도 그 자체이며, 예수님은 우리를 살리기 위해 온전한 진리로 오신 분입니다. 우리가 진리 안에서 예배할 때, 그 예배는 거짓이 없고 삶을 변화시키는 힘이 됩니다. 진리는 우리를 허위에서 벗어나게 하고, 우리 삶에 하나님께서 원하시는 방향을 심어 줍니다.

예배는 진리 안에서 이루어져야 하며, 이는 우리의 삶이 하나님의 말씀에 근거하여 변화되는 것을 의미합니다. 진리는 우리에게 하나님께서 누구신지를 가르쳐 주며, 우리의 삶에 무엇이 중요하고 어떻게 살아가야 할지를 알려줍니다. 진리 안에서 드리는 예배는 하나님을 올바르게 알고, 그분의 뜻에 부합하는 삶을 살겠다는 우리의 다짐을 포함합니다. 예배는 단순한 종교적 행위가 아닌, 하나님의 뜻을 깨닫고 그 뜻에 순종하는 삶의 연장선입니다.

시은소교회 예배 순서의 의미

시은소교회의 예배는 단순히 순서의 나열이 아니라, 하나의 유기적인 이야기입니다. 각 순간이 그다음 순간을 준비하고, 모든 과정이 하나의 흐름으로 연결되어, 예배에 참여한 모든 성도가 하나님 앞에서 하나가 되는 여정으로 나아갑니다. 예배는 마치 우리가 하나님과 함께 쓰는 이야기의 새로운 장을 열어가는 것과 같습니다. 각 순서는 하나의 의미 깊은 장면으로 우리를 이끌며, 여러 개의 조각이 하나로 모여 큰 그림을 완성하는 것처럼 우리의 마음을 하나님의 큰 이야기 속에 위치시킵니다.

마음의 문을 여는 시간

예배의 시작은 찬양(입례송)으로 문을 엽니다. 우리는 찬양을 통해 하나님의 이름을 부르고, 그분이 어떤 분이신지를 되새깁니다. 시작 찬양은 마치 하나님의 집 문턱에 발을 딛는 것과 같습니다. 우리는 찬양 속에서 마음의 문을 열고, 그 문으로부터 하나님의 임재가 우리 안에 가득히 스며들게 합니다. 이것은 우리 자신의 부족함을 초월해, 하나님의 크신 사랑과 권능에 집중하는 순간입니다. 이 찬양을 통해 우리의 마음속에 있는 두려움과 불안을 떨쳐내고, 하나님께서 우리와 함께하심을 느끼며 진정한 평안을 얻습니다. 그리고 하나님께 나아가기 위해 마음을 고요히 정돈하고, 그분 앞에 겸손히 엎드리게 됩니다. 이 순간은 단순한 음악의 시간이 아니라, 우리의 영혼이 깨어나 하나님을 향해 마음을 열고 다가가는 성스러운 시간입니다.

공동체가 함께 듣는 하나님의 음성

이어서 성경 봉독의 순간이 찾아옵니다. 장로와 권사가 교회를 대표하여 하나님의 말씀을 읽는 것은 단순한 형식적 행위가 아닙니다. 이는 종교개혁의 불꽃이 우리 심령 속에서도 여전히 타오르고 있음을 확인하는 시간입니다. 하나님께서 친히 우리에게 주신 말씀을 공동체가 함께 듣고, 그 말씀 앞에서 우리 자신을 새롭게 비추어 보는 시간입니다. 각 개인의 목소리가 아닌 하나님의 음성이 그 본문을 통해 우리 모두에게 들려지고, 그 말씀은 공동체 안에 깊이 뿌리내립니다. 성경 봉독은 하나님의 말씀 권위를 우리 삶 속에 다시 한번 새기며, 성령의 조명을 통해 더욱 깊이 그 말씀을 이해하고자 하는 갈망을 불러일으킵니다. 이를 통해 우리는 하나님의 뜻을 깨닫고, 그분의 길을 따르겠다는 결단을 다지게 됩니다.

특별한 공동체 기도

대표 기도를 대신하여, 사회자가 공동체를 대표해 하나님께 드리는 기도가 이어집니다. 이는 기존의 형식적인 대표 기도와는 달리, 시은소교회만의 특별한 점이라 할 수 있습니다. 이 기도는 무심코 따라 하는 형식적인 문구가 아닌, 예배에 참여한 모든 이들의 진정한 마음을 담은 기도입니다. 사회자의 입술을 빌려 모든 성도가 한마음으로 하나님께 나아가는 이 기도의 시간은 성도들의 경건한 고백이 하나님께로 피어오르는 거룩한 향기와도 같습니다. 시은소교회의 예배에 참석한 모든 성도는 이 기도를 통해 하나님의 뜻을 구하고, 하나님의 도우심을 간구합니다. 이 시간은 하나님과의 대화를 나누는 순간이며, 그분의 크신 사랑과 자비를 우리 공동체가 함께 체험하는 귀한 시간입니다. 이러한 기도는 성도들 사이의 연대감을 더욱 깊게 하며, 우리가 모두 하나님의 크신 계획 속에서 중요한 존재임을 상기시켜 줍니다.

광고를 통한 소속감과 사명의 강화

시은소교회 주일 예배는 공동체성을 더욱 강화하기 위해 영상 광고와 추가 광고가 진행됩니다. 교회의 소식, 사역, 그리고 다양한 부서들의 활동을 성도들이 함께 공유하는 이 시간은 단순한 정보 전달이 아닙니다. 교회의 가족 구성원으로서 우리 각자가 어떤 역할을 하고 있는지, 그리고 우리가 모두 어디로 향해 가고 있는지를 깨닫는 순간입니다. 우리는 이 광고 시간을 통해 함께 웃고, 함께 계획하며, 하나님의 공동체로서 더욱 단단히 묶입니다. 광고는 또한 각자의 은사와 재능이 교회 안에서 어떻게 사용될 수 있는지를 상기시키며, 우리가 모두 교회라는 크신 하나님 몸의 일부분임을 느끼게 합니다. 이를 통해 우리는

서로의 필요와 기쁨을 나누고, 주님의 사역을 함께 이루어 가는 데서
오는 깊은 소속감과 기쁨을 느끼게 됩니다.

하나님께 올려드리는 향연

찬양대의 찬양은 마치 하나님께 올려드리는 백성의 향연과도 같
습니다. 그 찬양이 울려 퍼질 때, 성도들은 화답의 아멘과 박수를 통
해 하나님의 영광을 높입니다. 그 순간은 우리가 우리 자신의 한계를
넘어 오직 하나님께만 집중하는 경배의 시간입니다. 찬양을 통해 성도
들은 깊은 헌신과 순종의 마음을 표현하고, 그 찬양 속에 하나님의 임
재를 깊이 경험하게 됩니다. 찬양대의 음성은 성도들의 마음을 하나
로 모으고, 우리의 영혼을 깨워 하나님의 크신 영광을 느끼게 합니다.
이러한 찬양은 마치 하늘의 영광이 이 땅 위에 임한 것 같은 느낌을 주
며, 그 순간 우리는 모두 하나님의 은혜 안에 있음을 확신하게 됩니다.

하나님의 말씀을 통한 삶의 길

설교는 예배의 중심입니다. 이 시간은 예수 그리스도를 중심으로
하나님의 말씀이 선포되는 순간입니다. 하나님의 말씀을 받들어 대언
하는 시은소교회의 설교는 큐시트에서부터 그 정신을 심어내고 있습
니다. 즉 설교 시간을 말씀 侍(시)로 표현하고 있는데, 다들 詩로 오해
하십니다. 설교 시간을 말씀 侍(시)로 표현하는 이유는 "모시다, 받들

다, 시중들다"의 의미를 반영하고 싶었기 때문입니다.

미국 남부에 위치한 신학교 고든 코넬의 제프리 아더스 설교학 교수는 설교는 다리를 건설하는 것이라고 했습니다. 성경의 배경과 우리 삶 사이에 거대한 강줄기가 흐르고 있으며 각각 강줄기로 연결되지 않는 것을 설교로 하나님의 말씀이 성도들에게로 가져올 수 있도록 다리를 건설하는 것이 설교입니다.

설교는 먼저 설교자가 먼저 하나님의 말씀을 받으므로 출발하는 것입니다. 그래서 제가 "말씀을 받는다"라는 의미로 말씀 侍(시)로 사용하고 있는데, 이것을 이 시대 용어로는 트리거라고 이야기할 수도 있을 것 같습니다. 트리거란 어떤 사건이나 상황이 특정 반응이나 행동을 유발시킬 때 사용되는 언어입니다. 설교는 영감으로 기록된 말씀이 우리 삶에서 작동되게 하는 트리거의 역할을 해야 한다고 생각합니다.

그러므로 시은소교회의 설교는 본문에 충실합니다. 그리고 그 본문 안에서 그리스도를 드러내며, 성도들이 그분을 바라볼 수 있도록 돕습니다. 설교는 우리가 어떻게 그리스도의 제자로서 살아갈지를 제시하고, 세상 속에서 그리스도의 빛을 비추며 살아가도록 도전을 줍니다. 그 말씀은 한 주 동안 우리를 인도할 길이 되고, 우리 삶의 발걸음을 붙드는 지팡이가 됩니다. 설교자는 마치 하나님의 도구가 되어 성도들에게 생명의 양식을 나누어 주며, 그 안에서 우리는 우리의 연약함을 하나님께서 채워주실 것을 믿고 의지하게 됩니다. 설교를 통해 우리는 우리 삶의 다양한 상황 속에서도 어떻게 예수님을 따르며 살아갈지를 배웁니다. 설교는 단순한 지식의 전달이 아니라, 우리의 삶에 실제로 적용되어야 할 하나님의 메시지입니다.

말씀에 대한 우리의 응답

설교 후 이어지는 결단 찬양은 설교를 통해 받은 말씀에 대한 우리의 응답입니다. 결단 찬양은 하나님께 드리는 우리의 고백이며, 예수님의 은혜를 기억하며, 하나님의 증인으로 세상 속으로 나아가겠다는 결단의 순간입니다. 우리는 이 찬양을 통해, 하나님의 은혜를 품고 승리의 삶을 살기로 다짐하며, 예배당 문을 나섭니다. 주일 예배는 이 찬양으로 마무리되지만, 이는 곧 삶의 예배가 시작되는 순간이기도 합니다. 이 결단 찬양은 우리의 마음에 불을 지피며, 우리의 삶 속에서 예수 그리스도의 제자로서의 사명을 다짐하게 합니다. 이 찬양의 순간, 우리는 모두 하나님으로부터 받은 은혜를 다시 한번 되새기며, 세상 속에서 하나님의 빛과 사랑을 전하는 사명을 지닌 존재임을 기억하게 됩니다.

신앙 고백의 표현

마지막으로 헌금은 단순한 물질의 드림이 아니라, 우리의 신앙 고백입니다. 구원받은 하나님의 백성으로서 기쁨과 감격을 담아 드리는 헌금은, 우리가 하나님께 얼마나 깊은 감사와 헌신의 마음을 가졌는지를 표현합니다. 시은소교회의 헌금은 특별히 다음 세대를 위한 사명 헌금 등을 통해 교회의 비전을 실현하고 하나님 나라의 확장을 목표로 합니다. 우리의 헌금은 하나님 나라를 위한 씨앗이 되어, 우리의 자녀와 다음 세대에게 하나님의 사랑을 이어가도록 밑거름이 됩니다. 헌금은 단순히 교회의 재정을 충당하는 것이 아니라, 우리 각자가 하나님의 일에 참여하는 중요한 신앙의 행위입니다. 우리가 드리는 헌금은 하나님의 나라가 이 땅에서 확장되는 데 사용되며, 그것은 우리 삶을 통해 하나님께 영광을 돌리는 또 다른 방식입니다. 이 시간은 우리가 하나님의 은혜에 감사하며, 그분께 우리의 삶 전체를 드리는 마음으로 기쁨 가운데 드리는 것입니다.

삶 속에서 이어지는 하나님의 이야기

이 모든 예배의 과정은 하나님과 깊은 만남과 교제를 통해, 하나님의 백성으로서 우리의 정체성을 새롭게 하고 세상 속에서 그리스도의 제자로 살아가도록 힘을 부여합니다. 그리하여 예배는 교회 안에서의 의식이 아니라, 삶 속에서 계속되어야 하는 우리 모두의 이야기로 완성됩니다. 예배는 우리 안에 시작된 하나님의 이야기가 세상 속에서 이루어지며, 우리의 삶 속에서 매일의 예배로 나타나는 것입니다. 각 순간의 예배가 우리 안에서 하나님의 사랑과 은혜로 이어지며, 그 은혜의 힘으로 세상 속에 그리스도의 빛을 비추는 삶으로 나타나게 됩니다. 이처럼 시은소교회의 예배는 하나님과의 만남이자, 우리의 삶을 새롭게 하는 하나님의 이야기입니다.

온 세대 예배: 세대 간 연합의 예배

시은소교회는 "온 세대 예배"를 통해 모든 세대가 하나의 예배 공동체로 연합하는 것을 목표로 합니다. 이는 부모의 신앙을 자녀들에게 자연스레 흘려보내며, 다음 세대를 예배자로 세우는 귀중한 시간입니다. 부모와 자녀가 함께 예배드림으로써 가정이 하나의 예배 공동체임을 확인하고, 성령 안에서 교회 전체가 영적인 가족임을 자각하게 됩니다. 이러한 예배는 세대 간 신앙의 연속성을 유지하며, 어린아이들이 예배자로서 성장하는 데 있어서 중요한 발판이 됩니다. 두 달에 한 번 "함께 ON 세대 예배"라는 이름으로 오전 9시 30분 본당에서 모든 세대가 함께 예배를 드립니다. 시은소교회는 이 예배를 통해 다음과 같은 목적과 비전을 이루고자 합니다.

다음 세대를 축복하는 예배

"내가 내 언약을 나와 너 및 네 대대 후손 사이에 세워서 영원한 언약을 삼고 너와 네 후손의 하나님이 되리라."(창세기 17:7)

온 세대 예배에서는 영아부부터 청소년 부서까지 각 부서의 특별 순서를 통해 다음 세대가 그리스도의 신앙을 고백하며, 부모 세대는 이들을 위해 진심으로 기도하고 격려합니다. 이 축복의 시간은 다음 세대에게 교회의 중요한 일원으로서의 자리를 확인하게 하며, 신앙 안에서 긍정적인 자아 정체성을 형성하도록 돕습니다. 이는 어린이와 청소년이 미래의 교회 지도자로 성장할 수 있는 기반을 마련해 줍니다. 이는 겨울에 심어진 작은 씨앗이 봄날 햇살 속에서 자라듯, 축복 속에 자라는 다음 세대는 믿음의 뿌리를 내리게 됩니다.

예수님의 영가족임을 고백하는 예배

"누구든지 하나님의 뜻대로 행하는 자가 내 형제요 자매요 어머니이니라."(마가복음 3:35)

말씀이 선포될 때, 온 가족과 교회의 모든 영가족은 하나님의 말씀 앞에 믿음으로 응답하며, 그리스도 안에서 우리가 한 가족임을 고백합니다. 이 과정에서 모든 세대는 서로의 다름을 이해하고 존중하며, 함께 성장하는 경험을 나눕니다. 예배 후 서로의 기도 제목을 나누고 축복하는 시간을 가짐으로써, 세대 간의 소통과 이해가 깊어집니다. 이로써 교회 안의 모든 성도는 더 깊이 연결되고, 서로의 영적 필요를 채워주는 참된 공동체로 나갑니다.

다음 세대 영적 부흥을 위한 교육 비전에 참여하는 예배

"또 어려서부터 성경을 알았나니 성경은 능히 너로 하여금 그리스도 예수 안에 있는 믿음으로 말미암아 구원에 이르는 지혜가 있게 하느니라."(디모데후서 3:15)

지역교회와 믿음의 가정이 하나 되어 다음 세대의 영적 회복을 위해 기독교 교육에 힘쓰는 것이 중요합니다. 부모 세대가 하나님의 말씀으로 먼저 양육 받고, 각 가정과 다음 세대를 위한 교육 프로그램에 교회의 모든 영가족이 적극적으로 참여하기를 기대합니다. (교육 프로그램: 제자 훈련, 일과 영성, 부모 교육, 그로잉 252, 기독교 세계관 등)

특히, 부모와 자녀가 함께 참여할 수 있는 교육 프로그램을 개발하여 가정에서의 신앙 교육이 교회에서 배움과 지연스럽게 연결되도록 돕고자 합니다. 부모는 자녀와 함께 신앙을 배우며 자녀의 영적 성장을 돕고, 자녀는 부모의 신앙을 가까이에서 보고 배웁니다. 이 과정은 부모와 자녀 모두에게 영적 성장의 계기가 되며, 교회의 교육 비전을 더욱 효과적으로 실현하는 중요한 동력이 됩니다.

가정의 중요성과 교회의 역할

오늘날 대한민국에서는 비혼, 이혼, 성 정체성, 육아 부담 등 여러 사회적 이슈로 인해 가정의 의미와 가치가 점점 희미해지고 있습니다. 물질과 성공을 중시하는 사회 속에서 기독교 가정교육이 점점 소홀해지고, 청소년 및 청년 범죄는 오히려 증가하고 있습니다. 이제는 지역교회와 믿음의 가정이 연합하여 다음 세대의 영적 문제와 회복을 위해 준비해야 합니다. 각 가정이 교역자, 교사들과 협력하여 자녀들이 하나님의 거룩한 부르심을 발견하고 그 길을 걸어갈 수 있도록 함께 힘을 모아야 합니다.

가정은 단순히 사람들이 머무는 곳이 아닌, 하나님의 축복과 은혜가 흘러넘치는 샘과 같은 존재입니다. 가정에서부터 신앙이 뿌리내려야만 교회가 든든히 세워질 수 있습니다. 마치 강물이 발원지에서 시작되어 대지 곳곳으로 흘러가듯, 가정에서 배우는 신앙은 교회와 세상을 향해 나아가는 첫걸음이 됩니다. 그러므로 교회는 가정이 영적인 중심이 될 수 있도록 다양한 지원을 제공해야 합니다. 부모 교육 프로그램을 통해 부모들이 신앙 안에서 자녀를 양육하는 방법을 배우고, 가정이 신앙의 중심지 역할을 할 수 있도록 도와야 합니다. 가정 내에서 드리는 소그룹 예배나 가정 예배 모범 사례를 공유하며 각 가정이 신앙적으로 더욱 굳건해질 수 있도록 지원해야 합니다. 이러한 노력이 모일 때, 교회와 가정이 하나 되어 다음 세대를 위한 영적 터전을 구축하고, 하나님의 나라를 이 땅에 확장하는 데에 기여할 수 있을 것입니다.

추가로, 교회는 다음 세대를 위한 멘토링 프로그램을 마련하여 세대 간의 지혜와 경험이 전달되도록 돕는 것이 필요합니다. 신앙의 길을 앞서 걸어온 성도들이 청소년과 청년들의 멘토가 되어 그들의 고민을 들어주고 신앙적인 조언을 나누며 신앙의 모델이 되어 줍니다. 이러한 멘토링 관계는 세대 간의 유대를 강화하고, 다음 세대가 성숙한 신앙인으로 자라나는 데 중요한 도움을 줄 것입니다.

가정에서도 신앙을 실천할 수 있도록 교회는 부모와 자녀가 함께 할 수 있는 신앙 활동과 챌린지를 제안할 수 있습니다. 예를 들어, 매주 가족이 함께 묵상할 성경 구절을 제공하고, 이를 함께 나누는 시간을 마련하도록 돕는 것입니다. 이러한 작은 실천들이 쌓여 가정이 신앙의 중심으로 자리 잡게 되고, 신앙의 실천이 일상에서 자연스럽게 이루어지게 됩니다.

마지막으로, 교회와 가정이 함께 지역 사회 봉사에 참여함으로써 신앙을 삶 속에서 실천하는 것이 중요합니다. 가족이 함께 봉사하며 하나님의 사랑을 이웃에게 전할 때, 자녀들은 그리스도의 사랑을 직접 체험하고 실천하는 법을 배우게 됩니다. 이것은 밭에 심어진 씨앗이 자라 열매를 맺듯, 경험은 자녀들에게 신앙의 본질을 깨닫게 하고, 신앙이 단순한 예배로 끝나는 것이 아니라 삶 속에서 실천되어야 한다는 것을 깊이 깨우쳐 줍니다. 봉사와 사랑이 배어 있는 삶의 현장에서 자녀들은 예수님의 사랑이 세상을 변화시키는 힘이라는 것을 온몸으로 느끼게 될 것입니다.

예배의 삶과 실천

예배는 한 시간 동안의 종교적 행위로 끝나는 것이 아닙니다. 우리의 전 삶을 통해 하나님께 영광을 돌리는 것, 그것이 참된 예배입니다. 마치 나무가 매일 햇빛을 받고 뿌리를 내리며 자라듯이, 우리는 일상에서 끊임없이 하나님께 예배를 드려야 합니다. 우리의 대화, 우리의 선택, 우리의 행동은 모두 예배의 일부가 됩니다. 복음적인 대화와 관계, 그리고 결단을 통해 복음을 살아내는 것이 중요합니다. 이는 예배가 삶과 분리되지 않고, 우리의 모든 행동과 선택에서 하나님의 진리가 드러나도록 하는 것을 의미합니다.

예배는 하나님의 임재를 경험하는 시간이자, 그분의 성품을 묵상하고 그분의 뜻에 순종하기로 결단하는 시간입니다. 이 결단은 단순히 그 순간의 감정으로 끝나는 것이 아니라, 우리의 삶 전체를 하나님께 드리는 거룩한 산 제사로 이어져야 합니다. 예배는 일회성이 아닌 지속적인 과정이며, 그 과정에서 우리는 끊임없이 하나님께 더 가까이 나아가며 그분의 형상을 닮아가야 합니다.

우리는 매일의 삶에서 예배를 이어가야 합니다. 가정에서, 직장에서, 일상에서 우리가 하는 모든 일이 하나님께 드리는 예배입니다. 우리의 일터에서의 성실함, 가족 간의 사랑, 이웃에 대한 배려, 그리고 우리의 결단과 행동은 모두 하나님께 드리는 산 제사입니다. 예배는 특정한 시간과 공간에서 멈추지 않으며, 우리의 모든 순간을 통해 하나님께 영광을 돌리는 삶의 방식입니다.

Engaging Oikos (가족 같은 소그룹)

"서로 돌아보아 사랑과 선행을 격려하며 모이기를 폐하는 어떤 사람들의 습관과 같이 하지 말고 오직 권하여 그날이 가까움을 볼수록 더욱 그리하자." (히브리서 10:24-25)

디트리히 본회퍼는 기독교 공동체의 중요성을 강조하며, 소그룹이 신앙을 지지하고 격려하는 장소가 되어야 한다고 주장했습니다. 그는 소그룹이 서로 돌아보며 사랑과 선행을 격려하는 장소가 되어야 한다고 설명합니다.

오이코스는 가족, 친구, 이웃과 같은 밀접한 관계의 공동체를 의미합니다. 시은소교회는 소그룹 활동을 통해 구성원들이 서로 밀접한 관계를 형성하고, 나눔과 섬김을 통해 삶을 풍부하게 만드는 것을 중요하게 여깁니다. 이러한 나눔과 섬김은 단순한 물질적인 지원을 넘어 살아계신 하나님의 말씀 안에서 그 정신을 나누고, 말씀대로 살아가는 삶의 실천을 함께 나누는 것을 의미합니다. 소그룹은 마치 가족의 식탁처럼, 함께 앉아 진정한 연합과 연대를 이루는 공동체를 지향합니다.

시은소교회의 소그룹

시은소교회에서 소그룹은 단순한 모임 이상의 의미를 지닙니다. 가족이라는 정의가 일반적으로 혈연 중심적이라면, 시은소교회의 소그룹은 생물학적 혈연의 한계를 뛰어넘어 예수 그리스도의 피로 맺어진 가족으로서의 정체성을 지향합니다. 소그룹은 예배에서 경험하기 어려운 세밀한 영적 돌봄과 세움을 나누며, 이를 통해 가족 공동체의 역할을 감당하고 경험할 수 있는 중요한 공동체입니다. 이 공동체 안에서는 실제로 서로를 섬기고, 영적인 성장을 위한 나눔이 지속해서 이루어지고 있습니다.

이 놀라운 가족 공동체를 긍정적으로 이루기 위해 소그룹 인도자와 구성원들에게 거룩한 습관을 세우도록 돕고 있으며, 그 습관이 정착하는 공동체가 소그룹이 되도록 하고 있습니다. 이는 세상 사람들의 습관을 따르는 것이 아니라, 그리스도를 닮는 거룩한 습관을 세워가는 자리입니다. 시은소교회의 소그룹 사역은 제자 됨의 밑거름이자 발판이 되는 자리로서, 서로를 지지하고 격려하며, 가족처럼 먹고 마시고 나누는 가운데 하나님의 가족으로서의 정체성과 실력을 연마하는 과정을 돕습니다.

구원은 개인적으로 받지만, 신앙생활은 공동체를 통해 성장하고 성숙할 수 있도록 돕는 자리입니다. 우리는 '함께'라는 단어의 깊이를 소그룹에서 배웁니다. 이곳은 각자의 아픔과 기쁨이 모여 진정한 공감이 이루어지는 자리이자, 영적인 온기를 나누는 곳입니다. 그러기에 시은소교회는 소그룹이 원활히 이루어지기 위해 소그룹 인도자의 중요성을 인식하고, 제자 훈련과 사역 훈련, 일터 사역 등을 통해 인도자를 훈련하고 배출하고 있습니다.

시은소교회의 소그룹 사역 중에서도 다락방 모임은 시은소교회의 심장과도 같은 역할을 합니다. 다락방은 단순히 성도 간의 교제만을 나누는 모임이 아니라, 설교 말씀을 중심으로 삶을 나누며 영적인 성장과 적용을 도모하는 모임입니다. 다락방에서 성도들은 매주 주일 예배를 통해 듣는 설교를 바탕으로 서로의 생각과 은혜를 나누고, 각자의 삶에 어떻게 적용할지 깊이 나누며 함께 성장합니다. 예를 들어, 설교에서 배운 용서에 대해 각자가 실제 경험했던 용서의 경험을 나누고, 그 말씀을 어떻게 삶에서 실천할 수 있을지 고민하는 것입니다. 이렇게 우리의 아픔과 경험을 나누는 순간, 성령의 위로가 공동체 가운데 머물고, 성도의 눈물 속에서 그리스도의 흔적을 발견하게 됩니다. 이를 통해 교회의 가르침이 성도들의 일상에 뿌리내리고, 실제적인 신앙의 변화를 가져오도록 돕습니다.

시은소교회 순장들은 다락방 모임에서 중요한 역할을 합니다. 그들은 성도들이 말씀을 더욱 깊이 이해하고, 그것을 실천할 수 있도록 돕는 인도자로서, 공동체의 영적 결속을 강화하는 데 크게 기여합니다. 순장들은 제자 훈련과 사역 훈련을 통해 준비되며, 성도들이 신앙의 여정 속에서 서로를 격려하고 성장할 수 있도록 지지하고 지원합니다. 그들은 또한 성도들이 직면하는 실제적인 문제들에 대해 신앙적인 시각으로 바라보고 해결할 수 있도록 돕습니다. 누군가의 글처럼, 리더는 결코 높은 자리가 아니라 가장 낮은 자리에 앉아 섬김을 실천하는 자입니다. 그러기에 시은소교회 순장들은 다락방에서 그리스도의 본을 따라 순원을 돌보고, 그들을 위로하며 사랑으로 품어갑니다.

이 외에도 시은소교회에서는 다양한 소그룹 사역이 이루어지고 있습니다. 권사회에서는 권사님들이 교회를 위한 기도와 물질, 시간을 헌신하며 교회의 구석구석을 돌보고 있습니다. 병원에 있는 성도들을 방문하여 위로하고, 어려움을 겪는 가정을 지원하며, 기도로 교회를 지탱하는 역할을 하고 있습니다. 남녀전도회는 연령별로 나뉘어 서로 교제하며 시은소교회의 중요한 사역에 동참합니다. 진정한 형제자매로서 연대감을 느끼며 전도 활동과 봉사에 힘을 쏟고 있습니다.

새가족 교육은 시은소교회에 등록한 성도를 가족으로 환대하고,

시은소 가족 공동체에 영가족으로 잘 정착하도록 돕는 사역입니다. 새 가족들이 교회에 뿌리를 내리고 신앙의 여정을 시작할 수 있도록 지원하며, 일대일 양육을 통해 신앙의 기초를 더욱 견고하게 다집니다. 처음 예수님을 믿어 소그룹 공동체에 진입하기 어려운 성도들을 도우며, 교회 공동체의 일원이 되는 과도기를 지원하는 중요한 역할을 합니다. 이러한 과정에서 소그룹은 겨자씨처럼 작지만, 결국 큰 나무가 되어 모두가 그 그늘에서 쉼을 얻는 장소가 됩니다.

실버대학은 교회의 70세 이상의 어르신들을 부모처럼 섬기며 그들의 필요를 돕는 사역입니다. 코로나 이전에는 매주 수요일 모임을 갖고 취미 활동과 식사 교제를 나누었지만, 팬데믹으로 인해 잠시 중단되었습니다. 그러나 어르신들의 비중이 큰 시은소교회는 실버대학 사역을 다시 시작하려고 준비 중이며, 2025년부터는 보다 세부적인 계획을 통해 분기별, 월별 사역을 이어가고자 합니다. 이러한 사역은 공동체성을 고취하고, 어르신들이 믿음의 노년기를 더욱 의미 있게 이어가도록 돕는 중요한 역할을 합니다. 실버대학에서 우리는 나이 든 성도들의 지혜와 신앙으로 살아온 삶의 이야기를 들으며, 세대 간의 연대감을 경험하게 됩니다.

또한 시은소교회는 특별한 기도 모임과 다양한 문화 활동을 통해 성도들이 교회 밖에서도 서로 연대하며 하나님의 사랑을 나눌 수 있도록 힘쓰고 있습니다. 소그룹 구성원들은 기도 모임을 통해 개인적인 기도 제목뿐만 아니라 공동체 전체의 기도 제목을 나누며, 기도가 가진 놀라운 힘을 함께 경험합니다. 이 기도 모임은 단순히 무릎 꿇는 시간이 아니라, 하나님 앞에서 공동체가 하나로 묶이는 중요한 시간입니다. 이를 통해 우리는 서로의 삶 속에서 하나님께서 일하시는 것을 목격하며, 믿음의 깊이를 더해갑니다.

소그룹의 중요성

소그룹은 교회 성도들이 서로를 깊이 이해하며 신앙의 여정을 함께 걸어가는 신비로운 동반의 자리입니다. 초대교회의 신자들이 가정에서 식탁을 나누며 영혼을 보듬었던 것처럼, 오늘날 소그룹도 신자들이 삶의 이야기를 풀어내고, 말씀과 기도를 통해 내면의 뿌리를 깊게 내리고 있습니다. 이 모임에서 우리는 서로의 눈빛과 목소리를 통해 지지와 격려를 나누며, 신앙을 한 겹 더 깊이 심어갑니다. 소그룹 모임에서 구성원들은 개인적으로 직면하고 있는 삶의 도전을 나누고, 이를 위해 기도하며 하나님의 인도를 구합니다. 이러한 나눔은 신앙의 공동체가 서로를 위한 등불이 되고, 길잡이가 되어 주는 중요한 시간입니다.

또한 소그룹은 단순히 영적인 성장을 위한 공간이 아니라, 서로의 일상에 스며들어 서로의 필요를 채워가는 실제적인 자리이기도 합니다. 이곳에서는 성도들의 다양한 재능과 은사가 나누어집니다. 어떤 성도는 요리로, 어떤 성도는 손재주로, 또 다른 성도는 음악으로 서로를 섬기며, 그 가운데서 그리스도의 사랑이 자연스럽게 나타납니다. 이러한 일상적인 섬김은 신앙의 고백을 삶의 현장 속에서 실천하는 중요한 모습이 됩니다.

　　교회는 소그룹 리더를 양성하고 소그룹 활동을 적극적으로 지원해야 합니다. 소그룹은 단순한 신앙 공유의 모임이 아니라, 신자들이 서로의 일상에 스며들어 함께 성장하는 살아있는 무대이기 때문입니다. 이러한 나눔을 통해 교회는 하나님의 사랑을 실천하는 참된 공동체로 변화하고, 소그룹에서 나눈 기쁨과 슬픔은 서로의 삶을 물들이는 색깔이 됩니다. 이는 소그룹 구성원 중 한 사람이 어려움을 겪을 때, 다른 구성원들이 물질적·정서적으로 도우며 그리스도의 사랑을 실천하는 모습이 나타납니다. 이는 단순한 도움을 넘어, 사랑이 사랑을 낳는 순환의 과정이 됩니다. 이처럼 소그룹은 각자의 고유한 은사와 재능이 발현되는 자리이며, 이를 통해 교회는 영적으로 더욱 풍성해집니다.

연합과 섬김의 아름다움

　　결국 소그룹에서 이루어지는 모든 훈련과 나눔, 그리고 섬김은 교회의 연합과 건강으로 이어집니다. 서로를 위해 헌신하고 섬기는 모습은 마치 잘 조율된 오케스트라의 연주처럼 하나님의 아름다움과 조화를 세상에 드러냅니다. 각자가 가진 은사가 다르지만, 그 은사들이 하나로 엮일 때 교회는 더욱 강건해집니다. 어떤 이는 기도로, 어떤 이는 봉사로, 또 다른 이는 재능을 통해 서로를 섬길 때, 우리는 진정한 그리스도의 몸으로서 하나가 됩니다. 이처럼 소그룹은 교회의 강건함을 이끌어 나가는 중요한 토대이자, 하나님 나라를 이뤄가는 사랑의 통로입니다. 우리는 소그룹을 통해 그리스도의 사랑을 체험하고, 그 사랑을 세상에 흘려보내는 사명을 감당하며, 서로가 서로에게 사랑의 증거가 되는 공동체를 만들어갑니다.

성도는 '서로 사랑하라'라는 주님의 명령을 따르는 실제적인 증거가 되어야 합니다. 소그룹은 그 증거를 일상에서 구현하는 작고도 위대한 모임입니다. 여기에서 우리는 예수님의 삶을 닮아가며, 그의 사랑을 실천하며, 결국 그분의 길을 따르는 순례자의 길을 걸어갑니다. 우리는 소그룹을 통해 그리스도의 본을 배우고, 서로의 손을 붙들며 이 세상을 함께 걸어가는 동반자가 됩니다. 이는 단순히 신앙적인 동역을 넘어서, 삶을 나누고 사랑을 나누며 진정으로 하나 되는 경험을 쌓아가는 과정입니다. 이러한 과정에서 우리는 서로를 통해 하나님께서 이루시는 놀라운 일을 목격하고, 그분의 나라를 이 땅 가운데 펼쳐가는 귀한 도구로 쓰임 받습니다.

Restore by Sharing (회복시키는 나눔)

"우리가 선을 행하되 낙심하지 말지니 포기하지 아니하면 때가 이르매 거두리라. 그러므로 우리는 기회 있는 대로 모든 이에게 착한 일을 하되 더욱 믿음의 가정들에게 할지니라." (갈라디아서 6:9-10)

시은소교회의 나눔 사역은 하나님의 사랑을 실현하는 구체적인 손길입니다. 이 나눔은 단순히 물질적 지원을 넘어서, 상처받은 사람들에게 치유와 회복을, 고단한 삶에는 쉼을 제공합니다. 교회는 다양한 나눔 프로그램들을 통해 하나님의 은혜를 세상에 흘려보내고 있으며, 성도들은 이를 통해 그리스도의 사랑을 실천하며, 어두운 현실 속에서 빛이 되기 위해 노력하고 있습니다.

나눔은 단순한 도움의 제공에서 더 나아가 영적인 회복과 사랑의 표현으로 확장됩니다. 시은소교회가 펼치는 여러 나눔 프로그램은 사람들에게 물질적 필요를 채워줄 뿐만 아니라, 삶의 깊은 곳에 자리한 상처와 외로움을 어루만지는 하나님의 사랑을 전하고 있습니다. 나눔은 하나님의 사랑이 담긴 손길이며, 이러한 손길은 각기 다른 모양으로 필요를 채우며 따뜻한 공동체를 형성합니다. 교회는 이를 통해 하나님의 손과 발이 되어, 상처받은 이들의 마음에 그리스도의 사랑을 심고 있습니다.

나눔의 의미는 단순히 손을 뻗어 도움을 주는 것이 아닙니다. 나눔은 어두운 세상 속에서 하나님의 빛을 비추는 작은 불빛이며, 상처 입은 영혼에는 치유의 빛줄기입니다. 시은소교회의 나눔 사역은 성도들의 기도와 헌신을 통해 다양한 형태로 이루어지고 있습니다. 이것은 하나님의 사랑을 실천하는 신앙의 본질을 보여주는 동시에, 우리의 손길을 통해 세상이 더 따뜻해지는 변화를 이루어 가고 있습니다.

천사 장바구니 나눔

'천사 장바구니 나눔'은 시은소교회의 따뜻한 손길이 잘 드러나는 프로그램 중 하나입니다. 성도들의 따뜻한 헌금으로 채워진 장바구니는 식료품과 생필품이 담겨 있지만, 그 안에 진정으로 담긴 것은 그리스도의 사랑입니다. 이 사랑은 어떤 말로도 다 표현할 수 없는 깊은 울림을 가집니다. 매년 크리스마스를 앞두고 영통구의 독거노인들을 교회로 초대하여 따뜻한 식사를 함께하며 그들의 이야기를 들어주는 시간은, 한겨울의 차가운 마음을 녹이는 봄볕 같은 순간입니다. 성도들이 준비한 개인당 10만원 상당의 상품권과 직접 장을 보며 나누는 그 과정은 단순한 나눔을 넘어 서로의 마음을 만지고 위로하는 귀한 만남이 됩니다. 더불어 광교 지역의 학령 전 아동들을 돌보는 보육 시설의 어린이들을 위해 부모로서 해야 할 역할을 담당하는 봉사도 진행합니다. 부모의 손길이 미치지 못하는 아동들을 위해 함께 놀아주고, 식사하고, 장난감 등 자신들이 필요로 하는 선물을 사주는 사역을 통해 따뜻한 가족이 되어주는 섬김을 감당합니다

이 나눔의 핵심은 물건을 전달하는 데 있는 것이 아니라, 한 사람 한 사람에게 다가가 하나님의 사랑을 느끼게 하는 데 있습니다. 성도들은 이 시간 속에서 그들의 삶을 경청하고, 그들의 고단함 속에 하나님의 임재를 전합니다. 그리스도의 사랑이 물질적 나눔을 넘어 서로의 마음을 만져 회복과 희망을 불어넣는 순간, 우리는 신비한 은혜의 통로가 되는 기쁨을 누리게 됩니다.

장바구니를 통해 전해지는 사랑은 선물로 가치를 매길 수 있는 것이 아닙니다. 성도들은 이웃과의 관계를 통해 그들의 이름을 기억하고, 그들의 이야기에 귀를 기울이며 진정한 사랑의 만남을 만들어 나갑니다. 이렇게 마음과 마음이 연결되는 순간, 그리스도의 사랑이 실제로 작용하여 영적인 회복이 일어납니다. 한 번의 나눔이 누군가에게는 큰 힘이 되어, 그들의 삶 속에 희망의 빛이 되는 것입니다.

천사 박스

'천사 박스'는 연말마다 정성스럽게 준비한 라면 상자를 도움이 필요한 이웃에게 전달하는 나눔 프로그램입니다. 간편한 식사인 라면은 바쁜 일상에서도 쉽게 한 끼를 해결할 수 있게 해주지만, 그 안에 담긴 진정한 메시지는 "당신은 혼자가 아닙니다"라는 말 없는 위로입니다. 성도들은 박스를 전달하며 조심스럽게 손을 잡고 짧은 기도를 드리기도 합니다. 이러한 만남은 라면 상자가 단순한 식품에서 하나님의 사랑을 전하는 통로로 변하는 순간이며, 그 작은 한 끼의 따뜻함이 때로는 힘든 하루를 버틸 수 있는 용기를 줍니다.

라면 상자를 통해 전해지는 것은 단순한 식사 이상의 가치입니다. 그것은 '누군가는 당신을 생각하고 있다'라는 메시지를 담고 있습니다. 성도들은 상자를 전달하며 그들의 얼굴을 보고 이름을 부르며 짧게나마 기도를 올립니다. 이러한 기도와 관계 속에서, 라면 상자는 단순한 물질이 아닌 하나님의 손길로 변합니다. 그리고 그 손길을 통해 하나님의 사랑이 각 사람의 마음에 직접 닿을 수 있도록 하는 것입니다. 그 작은 한 끼의 따뜻함이 때로는 눈물을 닦아주고, 새로운 한 주를 시작할 수 있는 용기를 주기도 합니다.

라면 상자를 준비하는 과정에서도 성도들은 서로의 마음을 나누며 공동체로서의 결속을 다집니다. 함께 박스를 꾸리고 기도하며, 성도들 사이에서도 나눔의 기쁨이 퍼져 나갑니다. 이러한 나눔의 과정은 교회 내에서도 성도들의 마음을 하나로 묶는 힘이 되며, 우리 안에 있는 하나님의 사랑이 더 풍성하게 흘러넘치도록 만듭니다. 각 가정에 전달된 박스는 단지 물질적 채움이 아닌, 사랑의 표현이며, 하나님이 여전히 그들을 돌보고 계신다는 증거입니다.

김장 나누기

추운 겨울, 성도들이 함께 모여 김치를 담그는 '김장 나누기'는 단순한 나눔 이상의 의미를 지니고 있습니다. 서로 손을 맞잡고 김치를 담그며 나누는 웃음 속에는 하나님의 따뜻한 손길이 담겨 있습니다. 성도들이 정성껏 담근 200포기 이상의 김치는 독거노인과 저소득 가정의 식탁에 오르며 그들에게 긴 겨울을 견디는 큰 힘이 됩니다. 김장 나누기는 성도 간의 땀과 수고, 그리고 이웃들의 감사가 어우러져, 하나님의 참된 기쁨을 경험하게 합니다. 이 과정에서 우리는 단순히 음식을 나누는 것이 아닌, 사랑과 따뜻함을 함께 나누는 공동체의 힘을 느끼게 됩니다.

김장 나누기의 의미는 단순히 겨울을 견디기 위한 식량을 제공하는 데 있지 않습니다. 그것은 함께 수고하며, 한 포기 한 포기 정성을 담아 만드는 과정에서 공동체가 하나로 묶이는 것을 경험하게 합니다. 김치를 담그는 손길 하나하나에는 사랑이 담겨 있으며, 그 사랑이 김치를 받는 이들의 식탁에까지 이어집니다. 이웃들이 김치를 받으며 느끼는 것은 단지 배고픔을 채우는 것이 아니라, 함께 하고 있다는 안도감과 마음의 따뜻함입니다. 성도들은 이러한 나눔을 통해 하나님의 사랑을 실제로 경험하고, 그것이 자신을 통해 흘러간다는 사실에 커다란 기쁨을 느끼게 됩니다. 공동체로서 함께 수고하고, 함께 나누는 이 행위는 우리가 모두 하나님의 사랑 안에 묶여 있음을 다시금 깨닫게 해줍니다.

이러한 김장 나눔의 현장은 단순히 물리적인 공간이 아닌 영적인 만남의 장입니다. 서로의 손길을 통해 김치에 담긴 사랑은 우리 이웃의 식탁에까지 전해지며, 그들의 마음에 하나님의 따뜻한 위로가 닿습니다. 성도들은 김장하며 서로를 격려하고, 하나님의 사랑을 직접 체험하며, 그 사랑이 더 많은 사람에게 흘러가기를 기도합니다. 김치를 받는 이웃들의 미소와 감사의 말은 그 어떤 보상보다 귀한 선물이며, 이를 통해 교회는 진정한 사랑의 공동체로 자리매김하고 있습니다.

장애와 병상에 있는 환우 지원 사역

장애와 병상에 있는 환우들을 위한 지원 사역은 성도들이 자발적으로 헌신하여 환우들의 필요를 채우는 나눔입니다. 성도들은 환우들을 방문하여 조용히 손을 잡고 기도하며, 그들의 눈을 바라보며 위로의 말을 전합니다. 이러한 만남 속에서 환우들은 비로소 하나님의 사랑이 그들을 떠나지 않았다는 사실을 체감하게 됩니다. 이 사역은 어려운 상황 속에서도 희망의 불씨를 지피는 나눔으로, 성도들 또한 그 과정을 통해 하나님의 사랑이 얼마나 깊고 넓은지 경험하게 됩니다.

장애와 병상에 있는 이들에게는 물질적인 지원 이상의 것이 필요합니다. 그것은 바로 진정한 관계와 영적인 위로입니다. 성도들이 직접 방문하여 기도하고, 그들의 이야기를 들어주는 그 시간이야말로 하나님의 사랑이 구체적으로 전해지는 순간입니다. 이 만남은 환우들에게 육체적 회복을 넘어, 마음과 영혼의 회복을 제공합니다. 그들에게 '하나님께서 당신과 함께 계신다'는 메시지를 전하며, 성도들은 그리스도의 손과 발이 되어 환우들의 삶에 위로와 희망을 심어 줍니다.

문화에 반하는 나눔의 정신

오늘날의 문화는 우리에게 안전을 보장하라고 가르칩니다. 저축하고, 투자하고, 더 많은 안전장치를 마련하라고 말합니다. 그러나 그리스도인은 이와 같은 흐름을 역행하는 자들입니다. 우리는 우리의 보호자가 되시는 예수님을 신뢰하기 때문에, 안전장치 대신 사랑을 선택합니다. 시온소교회는 초기 기독교 공동체의 정신을 따라, 가진 것을 함께 나누고, 서로를 위해 헌신합니다. 이것은 단순히 경제적 나눔이 아니라, 하나님께서 주신 은혜를 함께 나누는 영적 결속입니다. 성도들은 이를 통해 세상 속에서 하나님의 빛을 드러내고 있습니다.

교회는 사회적 흐름을 따르는 것이 아닌, 하나님께서 가르치신 사랑의 원칙을 따릅니다. 이러한 나눔의 정신은 불확실한 미래에도 두려워하지 않고, 우리가 가진 것을 나눌 수 있는 용기를 줍니다. 이는 단순한 경제적 나눔이 아닌, 마음의 나눔이며, 우리 안에 있는 두려움을 하나님께 맡기고 서로를 위해 살아가는 사랑의 표현입니다. 이러한 나눔을 통해 교회는 세상과 구별된 빛의 역할을 하며, 하나님 나라의 가치를 드러냅니다.

교회의 나눔은 단순한 기부나 도움이 아닙니다. 그것은 하나님의 사랑을 드러내는 표현이며, 우리가 하나님의 보호 아래 있음을 확신하고 두려움 없이 나아가는 용기에서 비롯됩니다. 이러한 용기는 성도들이 가진 것을 나누고, 더 나아가 자기 자신을 내어주는 헌신으로 이어집니다. 나눔은 우리의 삶 속에서 하나님의 영광을 드러내고, 세상이 하나님 나라의 가치를 보게 하는 중요한 역할을 합니다.

봉사와 나눔의 실천

봉사는 자기 자신을 내려놓고 이웃을 섬기는 행위입니다. 우리의 시간과 재능, 자원을 나누며 우리는 하나님의 손과 발이 되어 이 땅에서 그분의 사랑을 전하게 됩니다. 교회는 이러한 봉사의 기회를 적극적으로 마련하여 성도들이 자신의 은사를 발견하고 이를 통해 하나님을 섬기도록 돕습니다. 봉사는 단순한 활동이 아니라, 우리의 삶 속에서 하나님을 예배하는 또 다른 형태의 예배입니다. 또한, 이러한 봉사를 통해 성도들은 더 깊은 영적 성장과 기쁨을 경험하며, 공동체는 점점 더 견고해집니다. 교회의 모든 성도가 이러한 봉사에 동참할 때, 그 공동체는 세상 속에서 그리스도의 몸으로서 강력한 빛을 발하게 됩니다.

봉사의 중요성은 단순히 이웃을 돕는 데 그치지 않습니다. 그것은 우리가 받은 하나님의 은혜를 실제로 나누는 행위이며, 우리를 통해 세상이 하나님의 사랑을 경험하게 하는 중요한 방법입니다. 봉사는 단순히 도움을 주는 것이 아닌, 함께 기뻐하고 아파하며 성장하는 공동체의 일원 역할을 다하는 것입니다. 이러한 봉사를 통해 성도들은 서로의 필요를 채우고, 하나님의 사랑을 더욱 풍성하게 나누는 교회의 모습이 됩니다.

영적 나눔과 공동체의 사랑

예루살렘 교회의 모습은 오늘날 우리에게 여전히 깊은 영감을 줍니다. 그들은 사도들의 가르침을 따르며 초자연적인 기적을 체험하고, 자신의 소유를 팔아 가난한 자들에게 나누어 주는 삶을 살았습니다. 그들의 신앙은 단순한 영적 체험에 그치지 않고, 적극적인 이웃 사랑으로 확장되었습니다. 요한일서 3장 17절에 "누구든지 세상의 재물을 가지고 형제의 궁핍함을 보고도 도와줄 마음을 닫으면 하나님의 사랑이 그 속에 어찌 거하겠느냐"는 말씀이 있듯, 사랑의 실천이야말로 진정한 신앙의 본질입니다. 시은소교회는 이 말씀을 실천하고자 교회 내에서 구제 활동을 조직하고, 경제적 어려움을 겪는 성도들을 돕는 기금을 마련하여 사랑을 나누고자 합니다. 이는 영적 예배뿐만 아니라 실질적인 도움을 통해 하나님의 사랑을 나누는 일입니다. 이러한 나눔을 통해 우리는 세상 속에서 하나님의 빛을 비추는 진정한 사랑의 공동체로서 살아갈 수 있습니다.

이러한 나눔은 우리의 신앙을 삶 속에서 증명하는 중요한 방법입니다. 하나님의 사랑은 말로만 표현되는 것이 아니라, 우리의 행동으로 나타나야 합니다. 예루살렘 교회의 성도들이 자신들의 모든 것을 자발적으로 아낌없이 나누었던 것처럼, 시은소교회의 성도들도 자신들이 가진 것을 나누며, 이웃의 필요를 채워주기 위해 애쓰고 있습니다. 이러한 사랑의 실천은 하나님 나라의 확장을 위한 중요한 도구이며, 그리스도인으로서의 정체성을 세상에 드러내는 방법입니다. 이웃을 돕는 작은 나눔과 봉사가 하나씩 모여, 세상을 변화시키고 하나님의 영광을 나타냅니다.

하나님의 사랑을 전하는 나눔

나눔은 우리가 받은 하나님의 은혜를 세상에 전하는 사랑의 표현입니다. 시은소교회는 다양한 나눔과 봉사 사역을 통해 이 사명을 실천하며, 하나님의 나라를 확장하기 위해 끊임없이 노력하고 있습니다. 각자의 자리에서 작은 나눔을 실천해 보시기 바랍니다. 그 작은 나눔이 모여 세상은 더 따뜻해지고, 하나님의 은혜는 우리 가운데 더욱 풍성하게 흐르게 될 것입니다.

하나님께서는 우리가 세상 속에서 세상을 밝히는 등불의 역할을 감당하기를 원하십니다. 작은 나눔 하나가 누군가에게는 큰 기적이 될 수 있습니다. 각지의 자리에서 사랑을 실천하고, 그 사랑이 모여 세상을 더욱 따뜻하고 풍성하게 만드는 기적을 경험합시다. 그렇게 할 때, 우리는 하나님 나라의 확장을 위한 도구로 사용될 것이며, 우리의 삶은 하나님의 은혜로 더욱 충만해질 것입니다.

세상은 여전히 어둡고 고난으로 가득 차 있지만, 우리가 하나님의 사랑을 전할 때 그 속에서 하나님의 빛이 됩니다. 시은소교회의 나눔 사역은 단순한 선행이 아니라 하나님의 은혜를 나누는 통로이며, 그 통로를 통해 우리가 모두 하나님의 사랑을 체험하게 됩니다. 여러분도 이 나눔의 여정에 동참해 보세요. 그 속에서 우리의 삶이 하나님의 영광으로 가득 차게 될 것입니다.

Committed to the Missions (희생적인 선교)

"내가 달려갈 길과 주 예수께 받은 사명 곧 하나님의 은혜의
복음을 증언하는 일을 마치려 함에는 나의 생명조차 조금도

귀한 것으로 여기지 아니하노라." (사도행전 20:24)

하나님의 복음을 전하는 선교에는 낭비란 없습니다. 시은소교회의 선교는 차가운 이성적 계산이 아닌, 하나님의 넓고 따스한 사랑의 마음으로 이루어집니다. 예루살렘에서부터 땅끝까지 이르는 선교를 추구합니다. 시은소교회가 위치한 광교를 우리의 예루살렘으로 삼아, 이곳에서 시작해 강력한 지역화를 이루고, 세계 선교를 품습니다. 이 여정은 작고 단순한 한 걸음에서 시작됩니다. 그것은 우리의 이웃에게 다가가는 따뜻한 인사일 수도, 광교 지역의 복음화를 위한 전도일 수도 있습니다. 이 작은 걸음들이 모여 하나님의 나라를 이루는 위대한 여정이 되는 것입니다.

안디옥 교회는 초대교회 중에서도 선교적 비전을 뜨겁게 품었던 공동체였습니다. 그들은 바울과 바나바를 파송하며, 복음을 전하는 사명을 공동체적 사랑으로 이루어냈습니다. 이는 단순히 몇몇 지도자들의 결단이 아닌, 공동체 전체가 하나님의 비전을 함께 품고, 그 비전을 위해 마음과 손을 모은 아름다운 결과였습니다. 그들의 연합과 헌신은 세상에 큰 빛을 비추었고, 오늘날 교회가 나아가야 할 본보기로 남아 있습니다.

현대 교회도 안디옥 교회처럼 선교적 비전을 공동체적으로 나누고, 그 사명을 이루기 위해 모든 성도가 함께 걸어가야 합니다. 이를 위해 교회는 성도들에게 선교의 참된 의미를 가르치고, 마음속에 선교적 불씨를 지피기 위한 교육과 훈련을 제공해야 합니다. 이러한 교육은 선교의 필요성뿐만 아니라 선교를 통해 하나님이 이루시는 일들을 체험하는 기회를 제공해야 합니다. 그뿐만 아니라, 재정적 후원과 기도의 지원 역시 아끼지 않아야 합니다. 각 성도가 하나님의 부르심을 개인의 사명으로 받아들이고, 그 사명을 따라 각자의 자리에서 최선을 다할 때, 교회는 이 땅에서 하나님의 나라를 확장하는 중요한 역할을 감당하게 될 것입니다.

선교적 비진은 교회 내부의 섬김에서부터 시작하여, 외부로 확장되어야 합니다. 교회 내에서 성도들이 서로를 돌보고 섬기는 데서부터 하나님의 사랑은 흘러가기 시작해야 합니다. 이 사랑이 지역 사회를 감싸고, 마침내는 온 세계에까지 뻗어나가게 될 때, 그 교회는 하나님의 사랑을 나누는 빛의 등대가 되는 것입니다. 교회의 섬김은 단순히 내부를 넘어서, 하나님의 빛을 전하는 매개체로서 외부로 나아가야 하며, 이 여정은 매 순간 하나님과 동행함을 통해 이루어질 수 있습니다.

존 스토트는 선교의 중요성을 강조하며, 성령의 권능을 의존하고 가까운 지역부터 시작해 땅끝까지 나아가는 선교 전략을 제시했습니다. 시은소교회도 선교를 단기적 이벤트가 아닌, 지속 가능한 여정으로 여기며 한 걸음 한 걸음을 내딛고 있습니다. 이 여정은 시간과 자원을 뛰어넘어, 사람들의 영혼을 변화시키고 하나님 나라를 세워가는 과정입니다. 시은소교회의 성도들은 이러한 길 위에 기꺼이 자신을 내어주며, 하나님의 선하신 계획에 동참하고 있습니다.

시은소교회의 선교 사역은 땅끝까지 복음을 전하겠다는 확고한 사명을 지향합니다. 사도행전 20:24의 말씀처럼, 시은소교회는 생명을 다해 복음을 전하고자 하며, 지역과 세계를 아우르는 선교를 추구합니다. 시은소교회의 선교 사역은 '아끼지 않는 선교, 아낌없는 베푸는 선교'를 모토로 삼아, 지역 전도, 국내 아웃리치, 해외 선교 등 다양한 형태로 복음을 나누고 있습니다. 선교는 단순한 활동이 아닌, 하나님의 사랑을 실천하는 가장 높은 헌신의 표현이며, 그 과정에서 성도들은 서로를 격려하고 함께 성장해 나갑니다.

시은소교회의 모든 성도가 선교 비전을 함께 품고, 그 비전을 이루기 위해 기도하고, 재정적으로 후원하며, 현장에서 봉사합니다. 선교란 단순한 복음 전파를 넘어 사람들의 삶에 진정한 변화를 일으키고, 그들이 하나님의 사랑을 체험하도록 돕는 것입니다. 시은소교회는 이 사명을 통해 하나님의 나라를 확장하는 여정을 지속할 것입니다. 그 결과 성도들은 선교의 과정에서 자신도 하나님의 사랑 안에서 새롭게 변화되고, 그 사랑을 나누며 영적인 성장의 기쁨을 경험하게 될 것입니다.

시은소교회 선교란?

시은소교회의 선교 사역은 "아끼지 않는 선교, 아낌없는 베푸는 선교"라는 모토 아래 이루어집니다. 시은소교회는 지역과 세대를 초월하는 선교를 꿈꾸며, 어린아이부터 장년과 노년에 이르기까지 모든 세대가 선교사로서의 정체성을 갖고 선교에 동참하도록 장려합니다. 시은전도단은 권사님들이 중심이 되어 매주 수요일마다 지역 전도를 시행하며, 국내 아웃리치는 열악한 환경에 있는 교회를 지원하고 그들이 지역에서 복음을 전할 수 있는 환경을 마련하는 역할을 하고 있습니다. 또한 전폭 사역, 총회 선교부 지원 사역, 광교 지역의 복음화를 위한 전도사역을 통해 국내 선교를 활발히 전개하고 있습니다. 이 모든 활동은 선교적 비전을 성도들 모두가 직접 체험하고 실천할 수 있는 기회를 제공하며, 하나님의 사랑이 현장에서 생생하게 전해질 수 있도록 하고 있습니다.

해외 선교 활동으로는 일본, 필리핀, 남아공, 체코, 몽골 등에서 장년과 청년이 함께 선교의 현장을 찾아 복음을 나누며, 필리핀에 해외 선교 거점을 마련하기 위한 정탐도 진행하고 있습니다. 필리핀 클락 공군기지 근처에 마련될 선교 센터는 이러한 선교 사역의 중심이 되어, 시은소교회의 선교 활동을 더 깊고 넓게 펼칠 수 있는 터전이 될 것입니다. 이곳은 성도들이 현장에 직접 참여하여 삶의 변화와 복음의 확장을 목격하는 장소로, 하나님의 놀라운 일 하심을 체험할 수 있는 공간이 될 것입니다.

이처럼 시은소교회는 헌신적이고 희생적인 선교적 접근을 통해 하나님의 사랑을 이웃과 온 세계에 전하고, 복음의 빛을 밝히기 위해 쉬지 않고 노력하고 있습니다. 이렇게 해서 시은소교회는 하나님의 사랑을 더 넓고 깊게 전하는, 진정한 복음의 등대로 성장해 가고 있습니다. 이 등대의 빛은 사람들의 영혼을 밝혀 그들을 하나님께로 이끄는 사랑의 손길이 되어, 세상 구석구석까지 하나님의 은혜와 구원이 미치게 할 것입니다.

Yes! Jesus! (충성된 제자)

"예수께서 나아와 말씀하여 이르시되 하늘과 땅의 모든 권세를
내게 주셨으니 그러므로 너희는 가서 모든 민족을 제자로 삼아
아버지와 아들과 성령의 이름으로 세례를 베풀고 내가 너희에게
분부한 모든 것을 가르쳐 지키게 하라 볼지어다 내가 세상 끝날
까지 너희와 항상 함께 있으리라 하시니라."(마태복음 28:18~20)

예수님께서 피와 물을 쏟아 우리를 구원하셨습니다. 그 사랑으로
우리는 성도가 되었고, 새로운 나라를 위해, 충성된 제자로 부름을 받
았습니다. 그분의 가르침을 이 땅에서 이루며, 하나님의 나라의 일들
을 감당하기 위해 우리는 그분이 열어주신 길을 갈망하며, 그 길 위에
절대적인 순종으로 나아가야 합니다. 우리의 제자 됨은 예수님의 사
랑에 대한 응답이요, 우리에게 주어진 대위임령에 대한 충성된 반응입
니다. 이 부르심은 단순한 초대가 아니라, 모든 것을 바쳐야 하는 헌신
이며, 삶을 바꾸는 전환점입니다.

안디옥 교회의 사명은 단지 예배와 기도에 그치는 교회가 아니라,
세상 속에서 하나님의 뜻을 이루는 교회가 되는 것이었습니다. 그들
은 그리스도의 복음을 전하기 위해 세상으로 나아갔고, 이를 통해 하
나님의 꿈을 이루는 도구로 쓰임 받았습니다. 교회는 단순히 예배와
설교의 공간이 아닌, 세상 속에서 하나님의 사랑을 전하고 복음을 실
천하는 공동체로서 존재해야 합니다. 안디옥 교회는 이러한 사명을
충성이 감당하며, 그들이 세워진 목적을 실현하기 위해 복음을 끊임없

이 전파했습니다. 이렇게 교회 안에만 머무르지 않고 세상 속으로 나아가는 것이야말로 교회의 본질적인 사명입니다. 우리가 예배와 설교를 통해 하나님의 은혜와 힘을 얻는 이유는 그 은혜를 세상에 나아가 실천하기 위함입니다. 안디옥 교회가 그러했던 것처럼, 우리 교회도 하나님의 꿈을 이루기 위해 세상 속에서 적극적으로 복음을 전하며, 그 사랑을 구체적인 행동으로 보여주기를 소망합니다.

달라스 윌라드는 제자 훈련의 중요성을 역설하며, 영적 성숙과 성장, 공동체의 소중함, 복음 전파와 선교의 마음, 그리고 성경적 삶의 기준을 세우고 세상을 변혁시키는 리더로서의 양성을 목표로 삼아야 한다고 강조합니다. 이는 시은소교회의 제자 훈련이 단순한 지식의 전달이 아니라, 삶의 모든 영역에서 실천과 변화로 이어지는 것임을 의미합니다. 우리는 영적으로 성장하고 성숙해지기 위해 꾸준히 노력해야 하며, 우리의 변화가 공동체 안에서 더욱 빛날 수 있도록 서로를 도와야 합니다.

시은소교회의 충성된 제자 훈련

예수 그리스도의 은혜로 구원받은 성도는 이미 예수님의 제자입니다. 그러나 진정한 의미의 충성된 제자가 되기 위해 우리는 지속적인 훈련을 통해 변화되어야 합니다. 예수님의 제자는 그분을 신앙과 삶의 목표로 삼고 따르는 사람이며, 시은소교회의 제자 훈련은 이러한 충성된 제자들을 세우기 위한 여정입니다. 제자가 된다는 것은 단순히 교회를 다니는 것을 넘어서, 예수님의 삶을 깊이 배우고 내 삶 속에 그분의 가치를 뿌리내리는 것을 의미합니다. 이 과정에서 우리는 매일의 삶에서 예수님과 닮아가고, 예수님의 마음으로 세상을 바라보며 행동하게 됩니다.

시은소교회는 성도들이 예수님의 제자로서의 정체성과 신앙 인격을 확립하고, 예수님을 닮아가는 충성된 제자로 자라도록 힘써 돕고 있습니다. 예수님의 충성된 제자는 "하나님의 아들을 믿는 것과 아는 일에 하나가 되어 온전한 사람을 이루어 그리스도의 장성한 분량이 충만한 데까지 이르는"(에베소서 4:13) 삶을 추구하며, "오직 사랑 안에서 참된 것을 하여 범사에 그리스도에게까지 자라는"(에베소서 4:15) 삶을 살아갑니다. 이러한 삶은 예수님처럼 생각하고, 예수님처럼 말하며, 예수님처럼 행동하는 것입니다. 이는 단지 외적인 모방이 아니라, 내적인 변화로부터 시작되어야 합니다. 우리는 마음을 새롭게 하고, 예수님의 뜻에 따르며, 사랑과 겸손으로 가득 찬 삶을 살아가야 합니다.

예수님께서 말씀하신 것처럼 "자기를 부인하고 자기 십자가를 지고 주님을 따르는"(마태복음 16:24) 삶을 살고, "서로 사랑하라 내가 너희를 사랑한 것 같이 너희도 서로 사랑하라 너희가 서로 사랑하면 이로써 모든 사람이 너희가 내 제자인 줄 알리라"(요한복음 13:34)고 하신 그분의 명령에 충성스럽게 순종하는 것이 충성된 제자의 길입니다. 이 길은 고난의 길일 수도 있지만, 사랑의 길이며, 섬김의 길이며, 오히려 기쁨의 길입니다. 시은소교회의 제자 훈련은 예수님 중심, 성경 중심의 훈련을 통해 성도들이 이러한 충성된 제자의 삶을 살아가도록 이끌어 갑니다. 이는 단지 이론적 교육이 아니라, 매 순간 삶에서 선택하고 실천하는 구체적인 행동을 포함합니다.

충성된 제자 됨의 사역 예시

앞서 말씀드린 제자 훈련과 사격훈련은 성도들이 예수님의 충성된 제자로 자라날 수 있도록 돕는 중요한 과정입니다. 각 사람의 영적 상태와 필요에 맞춘 훈련을 통해 성도들은 예수님의 가르침을 삶 속에 내재화하고, 이를 통해 영적 성숙을 이루어 갑니다.

예수님의 제자로서 인격의 변화와 사명을 따라 실천할 수 있도록 하는 훈련을 통해 예수님을 닮은 충성된 사역자로 자라날 수 있도록 하고 있습니다. 이는 성도들이 자신에게 주어진 사명을 인식하고, 각자의 자리에서 충성되게 그 사명을 감당하도록 돕는 것입니다. 또한, 주님의 복음을 전하는 증인으로서의 삶을 살아가도록 훈련의 장을 마련하고 있습니다. 성도들이 담대히 복음을 전파하며 충성된 제자로 성장하도록 지원합니다. 복음을 전하는 것은 예수님께서 우리에게 주신 중요한 사명 중 하나이며, 우리는 이를 위해 끊임없이 준비하고 훈련되어야 합니다.

말씀 양육 사역은 예수님의 충성된 제자는 하나님의 말씀을 통해 그분이 가르치신 제자의 길을 따라가도록 인도합니다. 시은소교회는 말씀의 기반을 단단히 세우도록 '어 성경이 읽어지네', '신구약 파노라마', 특별 집회 및 세미나 등을 통해 성도들의 말씀 이해를 돕고 있습니다. 말씀을 공부하는 것은 단순한 지적 활동을 넘어서, 우리의 삶을 변화시키는 영적 성장의 근본입니다.

가장 핵심적이며, 미래지향적인 사역이라고 할 수 있는 일터 사역은 이 모든 훈련 과정을 평생 삶의 현장에서 예수님의 충성된 제자로 살아가도록 돕기 위한 것으로 신앙과 일터의 신학적 정립을 돕고, 지속적인 사역으로 연결할 수 있도록 세미나와 평신도 리더십을 세워가는 사역을 준비하고 있습니다. 일터에서의 삶 또한 하나님께 드려야 할 거룩한 제사이며, 우리는 그곳에서도 예수님의 제자로서의 정체성을 잃지 않아야 합니다.

지역 사회와 함께하는 충성된 섬김과 성장

시은소교회는 지역 사회와 함께 성장하며, 지역에 선한 영향을 미치는 교회로 자리매김하고자 합니다. 성도들이 충성된 제자로서 하나님의 나라를 이 땅에 세우기 위해 끊임없이 노력하며, 영적으로 성장할 수 있는 환경을 제공하기 위해 최선을 다하고 있습니다. 시은소교회는 예배의 공간을 넘어서, 지역 사회와 연결되고 그들의 필요를 채우는 충성된 섬김의 공동체가 되고자 합니다. 우리는 하나님의 사랑을 실천하는 충성된 제자가 되기 위해, 지역 사회의 필요를 경청하고 그 필요를 채우는 데에 헌신하며, 이를 위해 교육, 봉사, 나눔 프로그램을 통해 이웃과 소통하며, 하나님께서 주신 사랑을 실천하는 충성된 제자의 사명을 다하고 있습니다. 우리의 목표는 이웃의 아픔을 우리의 아픔으로 여기며, 그들과 함께 기뻐하고 슬퍼하는 진정한 공동체가 되는 것입니다.

미래를 향한 충성된 제자들의 비전

미래를 향해 나아가는 시은소교회의 비전은 충성된 제자로서 지속적인 영적 성숙과 사회적 책임을 지는 것입니다. 우리는 하나님 나라의 문화를 형성하고, 세상 속에서 복음을 실천하는 충성된 제자가 되기 위해 앞장서고자 합니다. 이를 통해 성도들은 세상 속에서 하나님의 빛을 전하는 역할을 하며, 하나님의 뜻을 실현하는 중요한 사명을 감당하게 됩니다. 우리의 가정, 일터, 사회 모든 영역에서 하나님의 뜻을 실현하는 충성된 제자로 살아가야 합니다. 시은소교회는 그저 모여서 예배드리고 기도하는 장소로 머무르는 것이 아니라, 하나님의 사랑을 실천하고 그 사랑을 세상에 전파하는 실질적인 도구가 되어야 합니다.

안디옥 교회가 하나님의 꿈을 이루기 위해 그들의 사명을 감당했듯이, 우리 시은소교회도 그 꿈을 이루기 위해 세상 속으로 나아가며, 그분의 비전을 실현하는 교회가 될 것입니다. 그러기에 우리는 하나님의 꿈을 실현하기 위해 매일 기도하고, 세상 속에서 그 사랑을 실천하며, 각자가 위치한 자리에서 충성된 제자로 살아가야 합니다. 하나님께서 우리를 통해 이루시고자 하는 꿈은 바로 이 세상을 변화시키는 것이며, 그 변화는 우리를 통해 시작됩니다. 우리가 모두 그 꿈을 이루기 위한 하나님의 도구로 쓰임 받을 때, 교회는 그리스도의 몸으로서 온전한 사명을 감당해야 합니다.

시은소교회는 그리스도의 사랑을 중심으로 성도들이 서로를 섬기고, 하나님의 뜻을 실천하는 교회를 세우는 데 중점을 두고 있습니다. 성도들은 교회 안에서 하나님의 비전을 발견하고, 그 비전을 현실 속에서 실현해 나가고, 교회는 그 여정을 함께 걸어가는 충성된 공동체가 될 것입니다. 시은소교회의 모든 성도는 예수 그리스도의 은혜 안에서 충성된 제자로서 함께 성장하며, 서로를 격려하고 하나님 나라를 확장해 나가는 영적 공동체로서의 사명을 다할 것입니다. 우리는 서로를 위해 기도하고, 어려움 속에서도 함께하며, 기쁨을 나누며 충성된 제자의 삶을 살아갈 것입니다.

예수님의 종이요, 제자로서의 길을 걸었던 사도 바울은 "맡은 자들에게 구할 것은 충성이니라"(고전 4:2)라고 하시며, 제자들을 향해 충성된 삶을 촉구하였습니다. 우리 시은소교회가 예수님의 충성된 제자로서의 삶을 감당하고자 하는 모든 노력은 그리스도의 몸을 세우고, 교회가 세상 속에서 역할을 하며 하나님의 나라를 확장하는 데 중요한 밑거름이 될 것입니다. 시은소교회의 성도들은 신앙의 여정 속에서 충성된 제자의 정체성을 확립하고, 세상을 향해 하나님의 사랑과 복음을 전하는 사명을 다할 것입니다. 이 사명은 매일의 작은 행동과 헌신에서부터 시작되며, 우리의 삶 속에서 하나님께 영광을 돌리는 방식으로 드러날 것입니다. 우리는 함께 걸으며, 서로를 격려하고, 하나님 나라를 이루어 가는 충성된 제자입니다.

3부

시대를 담는 교회의 입구
: 시은소교회란?

새로운 비전을 향한 여정:
50주년을 맞아 교회의 미래를 함께 그리다

우리 교회가 창립 50주년을 맞이한 지금, 대표 목사로서 이 특별한 순간을 성도들과 함께 기념하고자 이 책을 집필하려 합니다. 이 책은 단순한 시은소교회의 기록을 넘어서, 우리가 앞으로 나아가야 할 방향을 제시하고, 교회의 새로운 비전을 성도들과 나누는 소통의 도구가 될 것입니다. 지난 50년 동안 하나님의 은혜 속에서 성장해 온 교회는 이제 다가올 50년을 준비하며 새로운 출발점에 서 있습니다. 과거의 축복과 도전을 기억하며, 우리 교회가 더 큰 비전 속에서 함께 성장하고 발전할 길을 모색하고자 합니다.

우리 교회는 지난 50년 동안 여러 차례 도전과 변화를 마주해 왔습니다. 때로는 어려운 상황 속에서도 믿음과 헌신을 통해 하나님께서 주신 길을 걸어왔고, 수많은 기적과 은혜를 경험할 수 있었습니다. 우리 교회는 단지 시간의 흐름 속에 존재하는 공동체가 아닌, 하나님의 인도하심 속에서 성장한 살아있는 증거입니다. 그러므로 이 중요한 시점에서 우리는 과거를 기억하고, 다가올 미래에 대한 확고한 방향성을 제시하는 것이 매우 중요합니다. 이제 우리는 새로운 가능성을 향해 나아가며, 하나님의 인도 속에서 더 큰 비전과 목표를 이루어 가야 합니다.

이 책을 쓰는 이유

첫 번째 이유는 성도들과 함께 우리의 미래를 그려보기 위함입니다. 우리의 여정은 단순히 시간의 흐름에 따른 발자취가 아니라, 하나님의 인도하심에 따라 이루어진 거룩한 걸음들이었습니다. 우리가 지난 수십 년 동안 겪어온 도전들은 우리의 믿음을 더욱 견고하게 다져주었고, 우리 교회의 공동체를 더욱 강하게 결속시켜 주었습니다. 이제 우리는 과거의 전통을 계승하면서도, 그에 안주하지 않고 더 혁신적이고 미래지향적인 교회로 나아갈 준비가 되어 있습니다. 저는 이 책을 통해 성도들과 함께 우리의 방향을 모색하고, 모두가 공감할 수 있는 청사진을 그려보고자 합니다. 이 비전은 우리가 함께 만들어가야 할 오늘의 현실이자, 미래로 향하는 구체적인 목표이기 때문입니다. 우리의 비전은 그저 꿈꾸는 것에 그치지 않고, 현실에서 성취될 수 있는 생생한 꿈이어야 합니다.

두 번째 이유는 교회에 대한 자부심을 새롭게 일깨우기 위함입니다. 교회는 단지 아름다운 건물이 아니라, 성도들의 기도와 헌신으로 세워진 살아있는 공동체입니다. 각 성도의 손길과 눈물, 보이지 않는 곳에서 묵묵히 드린 이름 없는 성도들의 섬김이 있었기에, 오늘날 우리가 함께 누리는 열매가 맺어질 수 있었습니다. 교회의 성장은 단지 외적 성장에 그치지 않고, 영적 깊이와 풍성함이 더해진 것이어야 하며, 이 과정에서 성도 한 사람 한 사람의 헌신과 노력이 큰 역할을 해왔습니다. 이 책은 그 헌신의 이야기를 담아 성도들이 자긍심을 느끼고, 다가올 50년을 향해 더욱 확신을 갖고 나아가도록 영감을 제공하고자 합니다. 우리 교회는 그 어느 한 사람의 힘이 아닌, 모든 성도의 연합된 기도와 헌신으로 이루어진 공동체입니다. 우리는 서로가 서로에게 힘이 되며, 함께 걸어가는 여정 속에서 하나님께서 주신 사명을 성취해야 합니다.

또한, 이 책은 우리 교회의 이야기가 단지 과거의 역사로서 머무르지 않고, 성도 각자의 믿음으로 걸어온 아름다운 삶의 이야기가 연결된 하나의 신앙 서사가 되기를 바랍니다. 우리의 이야기는 단순한 시간의 기록이 아니라, 하나님의 사랑과 성도들의 헌신이 어우러진 살아있는 기록입니다. 이 책을 통해 우리는 성도들이 우리 교회의 일원으로서 그동안 걸어온 발자취를 돌아보며 자긍심을 느끼고, 앞으로 나아가야 할 방향을 다시금 확인하기를 바랍니다. 그리고 교회의 비전을 성도들과 함께 나누고, 하나님의 부르심 속에서 우리가 어떤 역할을 맡아야 할지 깊이 생각해 보는 계기가 되기를 소망합니다.

생명력 있는 교회는 진정한 변화가 일어나는 곳입니다. 시은소교회는 그러한 변화의 중심에 서서, 앞으로도 사람들 사이에서 하나님의 사랑과 예수님의 복음을 나누며 사람들의 삶을 바꾸어 나갈 것입니다. 앞으로 시은소교회에서 일어날 진정한 변화는 누군가가 다리를 놓아주는 사람, 즉 가교 역할을 해주기 때문에 가능할 것입니다. 말과 교육으로는 잘 변하지 않던 사람들도, 변화된 삶을 살아가는 이들의 모습을 보며 그들의 인격과 생활을 엿보고 궁금해하며 질문을 던지다가 결국 스스로 변화하게 되었습니다. 이렇게 하나님의 변화를 경험한 이들이 또 다른 이들에게 그 변화를 전파하는 현상이 반복될 때, 시은소교회는 진정으로 생명력 있는 교회로서 더욱 성장해 나갈 것입니다.

깨달음

시은소교회는 앞으로도 편견을 깨뜨리는 '깨달음'을 추구하는 교회가 될 것입니다. 특정 개인이나 집단에 대한 고정관념이나 선입견에서 벗어나야만 진정한 변화와 성장이 이루어질 수 있습니다. 기독교 초기 교회들은 유대주의라는 강한 편견에 갇혀 있었지만, 몇몇 사람들이 그 틀을 깼습니다. 그들은 유대인뿐만 아니라 이방인들에게도 복음을 전하기 시작했습니다. 시은소교회의 성도들도 구브로와 구레네 출신의 몇몇 사람들이 편견을 깨고 이방인들에게 복음을 전했던 것처럼, 자신이 가진 선입견을 깨뜨리기 위해 노력합니다. 마찬가지로, 우리는 하나님 없이도 잘 살 수 있을 것 같은 사람들에 대한 편견이나, 혹은 너무나 악한 사람은 변화되지 않을 것이라는 편견을 버려야 합니다. 진정한 변화는 누구에게나 가능하며, 우리 주변의 사람들이 예수님께 나아가도록 가교 역할을 하는 것은 바로 이러한 깨달음에서 시작됩니다.

절실한 마음

시은소교회가 앞으로 이루어낼 또 다른 비결은 '절실한 마음'입니다. 예수님을 모르는 사람들에 대한 깊은 안타까움과 사랑이야말로 그들을 주님께로 인도하는 동력입니다. 이 절실한 마음은 단순한 호의가 아니라 마음 깊은 곳에서 일어나는 뜨거운 열정입니다. 한 예로, 시은소교회의 한 성도가 자신이 변한 이유를 나누며, 예수님 덕분에 그의 삶이 얼마나 변화되었는지를 진심으로 고백했습니다. 이 성도는 "예수님이 없다면 내 삶은 무의미했을 것이다"라고 고백하며, 그 안타까운 마음으로 이웃들에게 다가가고 있습니다. 그들이 하루하루를 예수님 없이 살아가는 것을 보고 그 마음에 안타까움을 느끼고 행동으로 표현하는 것이야말로 진정한 절실한 마음입니다. 시은소교회의 초기 성도들 또한 예수님 없이 살아가는 이들을 향한 깊은 연민과 사랑을 품었기 때문에 복음이 널리 확산할 수 있었습니다.

소통

'말'은 사람과 사람 사이를 연결하는 중요한 다리입니다. 시은소교회는 앞으로도 하나님에 대해 소통하고 나누는 데 중점을 두고자 합니다. 종종 사람들은 말없이도 마음이 전해질 수 있다고 믿지만, 기독교는 하나님의 말씀을 통해 소통되는 종교입니다. 따라서, 우리는 예수님에 대해 직접 이야기하는 것이 필요합니다. 단순히 교회에 오라고 초청하는 것부터 시작해, 예수님으로 인해 나의 삶이 어떻게 변화되었는지 간증하는 것, 그리고 더 나아가 예수님의 복음을 전하는 것입니다. 시은소교회의 성도들은 상황에 따라 상대방에게 가장 적절한 소통 방법을 찾아가며, 하나님에 대해 이야기할 때는 진심과 사랑이 깃든 말을 전하려 노력해야 합니다. 초대교회 성도들 역시 복음을 전할 때 적극적으로 이방인들과 소통하며 예수님의 이야기를 전했고, 그 결과 많은 사람이 주님께 돌아올 수 있었습니다.

변화된 삶

마지막으로 중요한 것은 '삶'입니다. 말로만 전하는 복음은 공허할 수 있습니다. 우리가 전하는 말이 진정성을 가지려면, 그것이 우리의 삶에서 실천되고 드러나야 합니다. 시은소교회의 성도들이 앞으로 예수님을 믿게 될 이유는 그들의 말을 듣고 그럴듯하게 설득당해서가 아니라, 복음을 전하는 사람들의 삶에서 진정한 변화를 목격하기 때문일 것입니다. 이들은 완벽하지 않았지만, 매일 조금씩 변화되어 가는 모습을 보여주었습니다. 변화의 과정에서 나타나는 성숙함과 삶의 개선은 주변 사람들에게 큰 도전이 되며, 그들도 변화를 원하게 만듭니다. 우리 삶의 목표는 결점 없는 완벽함이 아니라, 예수님을 사랑하고 그분의 사랑을 받으며 변화되어 가는 것입니다. 시은소교회의 성도들 또한 변화된 삶을 통해 복음의 진실성을 보여주었고, 그로 인해 많은 사람이 감동을 받아 예수님께 나아오게 되었습니다.

서로를 연결하는 공동체로 나가기

시은소교회는 '깨달음, 절실한 마음, 소통, 변화된 삶'을 바탕으로 사람들이 서로의 가교 역할을 해주는 공동체가 되기를 계속해서 꿈꾸고 실현해 나갈 것입니다. 단순히 사람들을 모으는 것이 목적이 아니라, 각 성도가 다른 사람들을 예수님께 인도하는 연결고리 역할을 하기를 바랍니다. 이를 위해 교회는 복음의 문턱을 낮추고, 예수님을 모르는 이들도 쉽게 접근할 수 있는 환경을 만들고자 노력해 왔습니다. 시은소교회의 성도들이 구브로와 구레네 사람들의 노력처럼 이방인들에게 다가가며, 그들에게 주님의 사랑을 전파하기를 소망합니다.

교회에서 제공하는 다양한 프로그램은 이러한 철학을 실현하기 위한 도구일 뿐, 중요한 것은 항상 사람들을 향한 관심과 사랑, 그리고 그들을 위해 애쓰는 마음입니다. 결국, 우리가 꿈꾸는 교회는 모든 사람이 가교 역할을 하여 주님의 꿈을 이루어 가는 공동체입니다. 예수님의 사랑을 전하고, 그 사랑으로 서로에게 다리를 놓아주는 교회가 될 때, 우리는 진정으로 생명력 있는 교회로 나아갈 수 있을 것입니다. 아직 가야 할 길이 멀고, 부족함이 많지만, 시은소교회는 앞으로도 이러한 연결 공동체를 세워나가기 위해 매일 노력할 것입니다. 우리가 모두 함께 그 꿈을 이루어 가기를 소망합니다.

미래 비전과 새로운 출발점

우리 교회는 앞으로의 50년도 소통과 협력을 통해 성장하는 공동체가 되어야 합니다. 이제는 과거의 카리스마적 리더십을 넘어, 예수님께서 보여주신 것처럼 겸손한 자세로 함께 짐을 나누고 사랑을 실천하는 공동체로 거듭나며 모든 성도가 주체가 되어 서로를 격려하고 함께 성장해 나가는 진정한 공동체로 나아갈 때입니다. 이 책은 성도들과 새로운 비전을 공유하며, 하나님의 나라를 확장하기 위한 구체적인 방향성을 제시하고자 합니다. 열린 마음으로 모든 이들을 품고, 새로운 세대를 위해 함께 성장하는 교회가 되기를 기대합니다. 우리 교회가 이루어야 할 미래의 비전은 단지 머릿속에 그려진 이상이 아니라, 우리가 매일의 삶 속에서 함께 실천하고 이루어 가야 할 구체적인 목표입니다.

우리의 미래 비전은 모든 성도가 교회의 일원으로서 자부심을 가지고, 주체적으로 참여하여 이뤄 나가는 공동체적 성장에 있습니다. 예수님께서 우리에게 보이신 사랑의 본을 따라 서로를 섬기고, 나눔과 사랑을 통해 교회가 속한 지역 사회와 더불어 성장해야 합니다. 교회는 그저 예배드리는 공간에 머무르지 않고, 하나님의 사랑을 실천하며 세상의 빛이 되어야 합니다. 이러한 비전을 이루기 위해서는 모든 성도가 적극적으로 동참하여 각자의 자리에서 하나님의 사명을 실천해야 하며, 이 책은 그 길을 안내하는 나침반이자 지침서가 되기를 희망합니다.

지난 50년은 웃음과 눈물, 희망과 인내가 어우러진 신앙의 기록이었습니다. 이제 우리는 그 기록을 발판 삼아, 미래를 향해 담대하게 나아가야 합니다. 교회의 역사를 존중하면서도 새로운 세대와 함께 나아갈 방향을 제시하는 나침반이 될 이 책이, 성도 여러분께 하나님의 사랑과 부르심을 함께 이루어 가는 중요한 도구가 되기를 기도합니다. 우리는 과거의 아름다운 순간들을 기억하며 감사하는 동시에, 앞으로 다가올 도전을 맞이할 준비를 해야 합니다. 우리 앞에 놓인 미래는 때로는 불확실할지라도, 하나님의 사랑 안에서 함께 걸어가는 길은 언제나 확실한 희망으로 가득 차 있습니다.

작은 불씨들이 모여 큰 불꽃을 이루듯, 성도들의 헌신과 기도가 모여 하나님의 나라를 이루어 가는 큰 빛이 되기를 소망합니다. 이 책이 그 불꽃을 밝히는 하나의 등불이 되기를 바라며, 함께 꿈꾸고 기도하며 걸어가는 여정이 앞으로의 50년도 하나님의 은혜 속에서 아름답게 펼쳐지기를 기대합니다. 각 성도가 자신의 자리에서 하나님의 부르심에 응답하고, 함께 걸어가는 이 여정 속에서 새로운 미래를 만들어가는 데 중요한 역할을 하기를 기도합니다. 우리 교회가 하나님의 사랑 안에서, 새로운 세대와 더불어 끊임없이 변화하고 성장하며, 더 큰 사명을 이루어 가는 공동체가 되기를 간절히 바랍니다.

에필로그

한 번도 가보지 않은 길을 떠날 때, 가장 빛나는 이정표는 과거의 기억이 아니라 우리 마음 깊이 새겨진 '하나님이 하신다'라는 확신입니다. 우리가 걷는 발자국마다 하나님은 이미 그 길에 계셨고, 그곳에서 '사랑'과 '자비'라는 이름의 흔적을 남겨 주셨습니다. 50년이라는 긴 세월 동안 시온소교회가 걸어온 여정 또한 하나님께서 친히 써 내려가신 '희망의 역사'였습니다.

강력한 하나님의 부르심에 삶을 던진 젊은 목회자의 소박한 사택에서 울려 퍼진 첫 찬양 소리는, 이제 광교라는 새로운 터전에서도 변함없이 찬양으로 울려 퍼지고 있습니다. 어느 날은 주차장을 나누어 지역 주민에게 교회의 사랑을 전하기도 하고, 때로는 김장 한 포기로 이웃을 위로하기도 했습니다. 아이들의 웃음소리로 가득한 5월의 축제와 지역 어르신을 섬기는 실버대학까지, 교회의 문턱은 세상을 향해 활짝 열려 있습니다.

더 중요한 것은, 이 열린 문턱을 넘어 하나님이 원하시는 진정한 예배자로 설 때, 비로소 우리가 '시은소교회'로서 부름을 받았던 본질적인 사명을 다하게 된다는 사실입니다. 이 책은 시은소교회가 걸어온 발자취를 결코 과거로만 남지 않고, 앞으로 50년, 100년이 지나도록 'MERCY'라는 비전을 품은 공동체로서, 모든 세대가 충성된 제자로 살아가도록 돕는 든든한 쉼터가 되기 위함입니다.

이제 한 장을 덮으며 다음 장으로 나아가는 이 순간, 하나님의 이야기는 각각의 성도님의 삶을 통해 새로운 역사의 출발선에 서 있게 할 것입니다. 부흥을 넘어 부흥의 근원을 주시는 하나님을 더욱 알기 원하고, 그 하나님의 사랑을 내 삶에 그대로 실천하기를 바라는 소망! 이것이 책을 통해 전하자 하는 궁극의 메시지입니다.

갈 길이 멀고, 도전이 여전히 우리를 기다리고 있을지라도 하나님께서는 일찍이 시은소교회를 통해 작은 헌신조차 결코 헛되지 않음을 증명해 오셨습니다. 이제 마음을 모아 용기를 내어 부흥을 향한 거룩한 걸음을 내딛기를 소망합니다. 시은소교회가 걸어온 믿음의 길 위에서, 또다시 누군가를 향한 사랑과 헌신을 이어가는 우리의 발걸음이 되길 진심으로 기대합니다.

MERCY 시대를 담는 교회의 입구

초판	1쇄 발행
발행일	2025.5.17
지은이	김철승
펴낸이	김일환
총괄	박지원
편집	정연미 강해라
디자인	홍성미 고은비
마케팅	박주영
경영지원	임태현 박찬윤
펴낸곳	우리가본어라운드

-

우리가본 어라운드는, '교회'를 둘러싼 모든 미디어를 '1:1' 메칭으로 제작해 드리는 서비스입니다.
월 구독 서비스로 진행이되며, 일대일 매칭을 통한, 최고의 작가가 제작하는 프리미엄 디자인과,
시그니처한 영상제작을 경험할수 있습니다.
또한 1:1 메칭을 통한 교회의 최적화된 홈페이지 제작과 최상급의 출판 서비스를 경험할수 있습니다.

-

주소 07387 서울특별시 영등포구 신길로 165(신길동) 3층
전화 070-8080-3731

이메일 kih1037@naver.com
홈페이지 www.urigabonchurch.com
인스타그램 instagram.com/urigabon_around

책값 뒤표지에 있습니다.
ISBN

-

우리가본 어라운드 수칙
1. 시대의 흐름에 휩쓸리지 않고 살아있는 진리를 전한다.
2. 하나님께 배우고 인도받는 겸손한 자세로 나아간다.
3. 작가와 협력하여 하나님의 뜻을 담은 책을 만든다.
4. 책의 영적 깊이와 품질을 최우선으로 한다.
5. 독자의 신앙적 필요에 귀 기울인다.
6. 책을 통한 복음 전파를 사명으로 삼는다.